Bibliothek des Eigentums

Im Auftrag der Deutschen Stiftung Eigentum
herausgegeben von Otto Depenheuer

Band 7

Bibliothek des Eigentums

Th. von Danwitz, O. Depenheuer, Ch. Engel
Bd. 1, Bericht zur Lage des Eigentums
2002, XII, 319 Seiten. 978-3-540-43266-1

O. Depenheuer (Hrsg.)
Bd. 2, Eigentum
2005, IX, 167 Seiten. 978-3-540-23355-8

Schwäbisch Hall-Stiftung (Hrsg.)
Bd. 3, Kultur des Eigentums
2006, XV, 640 Seiten. 978-3-540-33951-9

D. Blasberg
Bd. 4, Inhalts- und Schrankenbestimmungen des Grundeigentums zum Schutz der natürlichen Lebensgrundlagen
2008, XII, 222 Seiten. 978-3-540-77738-0

O. Depenheuer, K.-N. Peifer (Hrsg.)
Bd. 5, Geistiges Eigentum: Schutzrecht oder Ausbeutungstitel?
2008, VIII, 224 Seiten. 978-3-540-77749-6

C. Roth
Bd. 6, Eigentum an Körperteilen
2009, XVII, 207 Seiten. 978-3-540-88821-5

O. Depenheuer (Hrsg.)
Bd. 7, Eigentumsverfassung und Finanzkrise
2009, VII, 73 Seiten. 978-3-642-00229-8

Otto Depenheuer (Hrsg.)

Eigentumsverfassung und Finanzkrise

Springer

Professor Dr. Otto Depenheuer
Universität zu Köln
Rechtswissenschaftliche Fakultät
Seminar für Staatsphilosophie
und Rechtspolitik
Albertus-Magnus-Platz
50931 Köln
depenheuer@uni-koeln.de

Bibliothek des Eigentums ISSN 1613-8686
ISBN 978-3-642-00229-8 e-ISBN 978-3-642-00230-4
DOI 10.1007/978-3-642-00230-4
Springer Dordrecht Heidelberg London New York

Die Deutsche Nationalbibliothek verzeichnet diese Publikation in der Deutschen Nationalbibliografie; detaillierte bibliografische Daten sind im Internet über http://dnb.d-nb.de abrufbar.

Einbandentwurf: WMXDesign GmbH, Heidelberg

Gedruckt auf säurefreiem Papier

Springer ist Teil der Fachverlagsgruppe Springer Science+Business Media (www.springer.com)

Vorwort

Unter dem Thema „Eigentumsverfassung und Finanzkrise“ veranstaltete die Deutsche Stiftung Eigentum am 22. April 2009 in Berlin ein Symposion. Vor dem Hintergrund der weltweiten Finanzkrise galt es, sich der Funktion des privaten Eigentums in einer freiheitlichen Gesellschaftsordnung zu versichern. In den hier dokumentierten Vorträgen wurde immer wieder deutlich, daß weder die Idee noch das Rechtsinstitut des privaten Eigentums verantwortlich für diese Krise gemacht werden können. Im Gegenteil: gerade die Verletzung konstitutiver Regeln einer auf privatem Eigentum basierenden Wirtschaftsordnung müssen als ursächlich für das eingetretene Desaster auf den Finanzmärkten angesehen werden.

Kulturelle Errungenschaften wie die Idee des privaten Eigentums, insbesondere die ihr immanente Bereitschaft zur Übernahme persönlicher Verantwortung des Eigentümers, müssen allerdings jeder Generation erneut wieder in Erinnerung gerufen werden, überzeugend um sie geworben und vor allem vorbildhaft von den Akteuren in Politik und Wirtschaft vorgelebt werden. Auch für das Rechtsinstitut des Eigentums gilt, daß die verfassungsrechtliche Garantie allein wenig auszurichten vermag, wenn die hintergründige Idee nicht auch als geistiger Besitz einer Gesellschaft von vitaler Kraft ist: „*Was du ererbt von Deinen Vätern hast, Erwirb es, um es zu besitzen*!“ In der globalen Gesellschaft des 21. Jahrhunderts gilt die Maxime des Dichterfürsten heute noch dringlicher: es gilt daher nicht nur an überkommene Erkenntnisse zu erinnern, sondern global für die Kultur des privaten Eigentums und der sie tragenden Ordnungsprinzipien zu werben. Aus diesem Grund wurde dieser Dokumentation als Anhang ein Auszug aus den „Grundsätzen der Wirtschaftspolitik“ von *Walter Eucken* aus dem Jahre 1952 beigefügt, für deren Abdruck dem Verlag Mohr Siebeck (Tübingen) herzlich gedankt sei. In klaren Worten skizziert der klassische Vertreter einer Ordnungspolitik die Funktionen und Wirkungsmechanismen von privatem Eigentum, Vertragsfreiheit und persönlicher Haftung. Aktueller als gegenwärtig könnten seine Ausführungen nicht sein.

Es ist die Hoffnung der Deutschen Stiftung Eigentum, mit den Beiträgen des Symposions und der Erinnerung an einen der großen Vertreter eines dem ORDO verpflichteten Freiheitsdenkens einen Beitrag für die nachhaltige Überwindung der gegenwärtigen Krise ebenso zu leisten wie gegen künftige Wiederholungen wirksam zu immunisieren.

Köln, im Juni 2009 Otto Depenheuer

Inhaltsverzeichnis

Eröffnung und Grußwort

Edzard Schmidt-Jortzig

Namens der Deutschen Stiftung Eigentum, die diese Diskussionsrunde ausrichtet, heiße ich Sie – und nicht zuletzt die anwesenden Bundestagsabgeordneten – herzlich willkommen. Ich freue mich, dass Sie unserer Einladung so zahlreich gefolgt sind. Und wir führen dies natürlich auf die Aktualität unseres heutigen Befassungsgegenstandes zurück, aber ebenso und vor allem auf die Attraktivität unserer Redner. Sie alle vier, die Herren Professoren Kirchhof und Hüther, Herrn Abgeordneten Merz und Herrn Bankier Schmitz begrüße ich besonders herzlich und danke Ihnen sowie dem Moderator, Herrn Dr. Schweinsberg, und dem Konzeptor der Veranstaltung, Herrn Professor Depenheuer, für ihre Mitwirkung nachdrücklich. Mein Dank gilt außerdem unserem großzügigen Gastgeber, der Deutschen Bank, personifiziert durch Sie, verehrter Herr Dr. v. Heydebreck.

Angesichts der Finanzkrise, die sich ja längst zu einer veritablen Wirtschafts- und eben auch ordnungspolitischen Krise ausgeweitet hat, versuchen Viele die Ursachen zu ergründen und mögliche Lösungsansätze zu entwickeln. Das ist nicht verwunderlich, denn die eingetretene Erschütterung hat mittlerweile Ausmaße erreicht, die alle Menschen, die sozialen Abläufe und unser tägliches Leben ringsum erfassen. Dass sich nun auch die Deutsche Stiftung Eigentum dieses Themas angenommen hat, soll nicht den vielen Deutungsversuchen nur eine weitere Version noch hinzufügen, sondern soll bei dem womöglich grundsätzlichen Neuorientierungsbedarf gezielt die spezielle Rolle des Eigentums, seiner Idee, seiner Funktion und seiner verfassungsmäßigen Garantierung in Erinnerung rufen und herausstellen.

Eigentum bedeutet ja das Innehaben, Disponieren und Nutzenkönnen wirtschaftlich handelbarer Güter, und es geht in einem freiheitlichen System dabei um die prinzipielle Zuweisung dieser Herrschaft an Private, an einzelne Menschen, an Individuen. Es muss also von Privateigentum gesprochen werden, und erst von dorther wird auch der stete Satz des Bundesverfassungsgerichts verständlich, dass Eigentum eben die wirtschaftliche Basis der bürgerlichen Freiheiten sei. Das Bekenntnis des Grundgesetzes zu diesem Eigentum ist danach eine Wertentscheidung von zentraler Bedeutung für das Gemeinwesen insgesamt. Es formt dieses zum sozialen Rechtsstaat. Denn das Privateigentum stellt für die Gesellschaft die Bedingung ihrer Wirtschaft, für den Staat einen Eckpfeiler seiner Ordnung und für die Kultur Ausgangspunkt ihrer Entfaltung dar.

Weshalb die Eigentumsidee in der herrschenden Finanzkrise besonders herausgefordert ist, zeigt sich vielleicht weniger in konkreten Infragestellungen und Verletzungen als in dem Aus-dem-Blick-Geraten bestimmter Prinzipien des Eigentumsgedankens. Man könnte wohl auch von dem Ethos des Eigentums sprechen, seinem Geist, seinem Nimbus, die ins Hintertreffen geraten sind. Ich will das hier nur vorsichtig andeuten.

Ein erster Aspekt ist insoweit der der Verantwortung. Auf ihn wird augenscheinlich Herr Professor Kirchhof besonders eingehen. In der Verfassung ist demonstrativ niedergelegt: „Eigentum verpflichtet". Der Eigentümer hat also für Nutzen und Schaden seines Wirtschaftsgutes einzustehen. Und man hat den Eindruck, dass diese persönliche Verantwortung von den Verursachern der Krise weidlich missachtet wurde.

Eigentum bedeutet aber auch – und das ist ein zweiter Aspekt –, dass die Vermögensschöpfung nur durch den Einsatz realer Sachwerte, Leistungen oder Substanz erreicht werden kann. Hierfür steht nicht nur das klassische Sacheigentum, sondern ebenso das geistige Eigentum oder das Unternehmenseigentum Pate. Vermögensausweitung durch Scheingeschäfte, Luftbuchungen, Leerverkäufe oder sog. Derivate steht tendenziell damit in Widerspruch.

Und zum dritten schließlich ist unverkennbar mit der Idee des Eigentums das Ethos der Nachhaltigkeit verbunden. Der Eigentümer hegt und pflegt sein Gut, weil er auch morgen noch damit wirtschaften und davon leben will. Die eingerissenen Usancen der Sprunghaftigkeit und Instabilität zu Lasten der mittel- und langfristigen ökonomischen Substanz, das Übergewicht kurzfristiger Optimierung gegenüber wirtschaftlicher Dauerhaftigkeit sind damit unvereinbar.

Wie es scheint, könnte deshalb eine Rückbesinnung auf Idee und Geist des Eigentums vieles wieder zurechtrücken, was durch die bindungslose Freisetzung finanzwirtschaftlicher Möglichkeiten aus dem Ruder gelaufen ist. Diese Zusammenhänge deutlich zu machen, soll unsere Veranstaltung heute ermöglichen. Und vielleicht geht davon dann ja auch der eine oder andere Anstoß zur Neuorientierung aus, der einen Weg aus der Krise weist.

Ich wünsche den Vorträgen und Diskussionen jedenfalls ein vielfältiges Aufrühren sowie mannigfachen Nachklang.

Vertrauen durch Verantwortung – Die Funktion des privaten Eigentums

Otto Depenheuer

I. Die Finanzkrise – Herausforderung und Chance

Die Deutsche Stiftung Eigentum verfolgt das Ziel, die freiheitsverbürgende Idee, ordnungspolitische Bedeutung und verfassungsrechtliche Garantie des privaten Eigentums im steten Bewußtsein der Akteure in Staat und Gesellschaft zu halten. Sie tut dies im Bewußtsein, daß mit der Mißachtung des privaten Eigentums regelmäßig und notwendig auch die Freiheit des Bürgers in Gefahr gerät. Gegner hat das private Eigentum freilich stets gehabt: die weiland vergangene Ideologie des Sozialismus basierte auf dem Gegenentwurf zum privaten Eigentum – der Idee des Gemein- oder Volkseigentums – und hat sich damit derart gründlich moralisch wie wirtschaftlich blamiert, dass den überlebenden Protagonisten des Sozialismus nicht einmal zur desaströsen Finanzkrise des Kapitalismus eine überzeugende Antwort und Alternative einfallen will.

Doch die politische Sprachlosigkeit der Gegner des privaten Eigentums und einer freiheitlichen Wirtschaftsordnung kann – zumal sie nicht ewig dauern wird – wenig beruhigen. Wenn sich das eigentumsbasierte kapitalistische Wirtschafts- und Finanzsystem nicht selbst ökonomisch, politisch und moralisch entlegitimieren will, müssen die strukturellen Ursachen dieser Finanzkrise ordnungspolitisch wie ökonomisch schonungslos analysiert werden. Darin liegen Herausforderung wie Chance gleichermaßen. Ziel dieses Symposions ist vor diesem Hintergrund, auf der Basis der grundgesetzlichen Eigentumsverfassung Integrität und Zukunftsfähigkeit unseres Wirtschafts- und Gesellschaftssystems langfristig und grundsätzlich zu sichern.

II. Krisenbewältigung und Strukturreformen

Aus der Perspektive des privaten Eigentums müssen die zahlreichen staatlichen Maßnahmen zur kurzfristigen Bewältigung der Krise und Stabilisierung der Märkte keine prinzipielle Sorge bereiten. Man mag über die sachliche Gebotenheit des Gesetzes zur Ermöglichung der Enteignung der HRE-Bank geteilter Meinung sein; aber eines sollte jedem klar sein. Diese Form der Bewältigung einer existentiellen Ausnahmesituation bietet nun wirklich keinen

Anlaß, eine ordnungspolitische Grundlagendiskussion um das private Eigentum zu beginnen. Es zeugt von – milde ausgedrückt – nicht allzu ausgeprägter Urteilskraft, wenn man nicht unterscheiden kann oder nicht unterscheiden will zwischen Maßnahmen, die im ordnungspolitischen Rahmen einer normal funktionierenden, freiheitlichen Marktwirtschaft ergehen, und solchen, die zum Ziel haben, den Zusammenbruch dieses ordnungspolitischen Rahmens zu verhindern. In der Ausnahmelage gelten nun einmal andere Gesetze als in der Normallage.

Allerdings hat die gegenwärtige Finanzkrise und ihre Begleitumstände Eines zweifelsfrei gezeigt: man kann die Idee des privaten Eigentum und einer freiheitlichen Marktwirtschaft auch von Innen heraus ruinieren. Mehr noch: man kann das gesamte wirtschaftliche und politische System dadurch gefährden, daß man die legitimationsvermittelnde Idee und disziplinierende Funktion des privaten Eigentums marginalisiert oder gar gänzlich aufhebt. Worin aber besteht diese zentrale Idee und Vorbildfunktion des privaten Eigentums, deren Mißachtung die Entstehung der Krise erklären und die zu ihrer Bewältigung fruchtbar gemacht werden kann und muß?

III. Zuständigkeit – Verantwortung – Haftung

Wie alle grundrechtlichen Freiheiten gewährt auch die Garantie des privaten Eigentums in Art. 14 des Grundgesetzes dem einzelnen Bürger eine Kompetenz. Kompetenz bedeutet Zuständigkeit, Zuständigkeit entbindet Verantwortung, Verantwortung realisiert sich in persönlichen Verdienst, aber auch persönlicher Haftung. Aus mit Haftungsrisiko sanktionierter Eigentümerverantwortung erwächst strukturelles Vertrauen in der Gesellschaft ebenso wie im Markt. Wer auf eigene Rechnung handelt, wägt Chancen und Risiken deutlich sorgfältiger ab, als derjenige, der auf fremde Rechnung handelt. Diese „diligentia quam in suis“, die „Sorgfalt in eigenen Angelegenheiten“ ist mit dem Eigentumsrecht geradezu naturwüchsig verbunden. Damit ist schon die Heilwirkung benannt, die dem Begriff des privaten Eigentums immanent ist und die zur Bewältigung der Finanzkrise wieder fruchtbar gemacht werden muß: Eigentum diszipliniert.

Wird der Dreiklang „Kompetenz – Verantwortung – Haftung“ nämlich – vorsätzlich oder fahrlässig – aufgehoben oder durchbrochen, kann man die Folgen mit geradezu mathematischer Präzision vorhersagen. Denn werden Kompetenzen und Verantwortungsbereiche geteilt und gebündelt, vermischt und übertragen, dann werden Zuständigkeiten unklar, Verantwortung unsichtbar, Haftung nicht mehr realisierbar und im Ergebnis Vertrauen ruiniert. Ein System von organisierter Unverantwortlichkeit aber setzt auf Dauer seine Legitimation aufs Spiel. Das gilt übrigens nicht nur für die Finanzmärkte, sondern auch und erst recht für das politische System. Auch dort ist der gleiche

Befund festzustellen und erklärt den ebenso signifikanten wie gefährlichen Glaubwürdigkeitsverlust der Politik. Die Korrelation von Zuständigkeit, Verantwortung und Haftung erklärt auch, warum – bis heute und aufs Ganze gesehen – die Privatbanken deutlich besser als die Geschäftsbanken und diese signifikant besser als die öffentlich-rechtlichen Landesbanken durch den Strudel der Finanzkrise gekommen sind.

Die Krise ist in Entstehung und Dimension nicht denkbar ohne fortgesetzte Verstöße gegen den unteilbaren Zusammenhang von „Kompetenz – Verantwortung – Haftung". Diejenigen, die riskant handeln und dafür Boni in z.T. erstaunlicher Höhe einstreichen, tragen kein persönliches Risiko: „Haften tun die anderen" – und das ist die staatliche Gemeinschaft, d.h. der Steuerzahler. Das böse Schlagwort von der Privatisierung der Gewinne und der Sozialisierung der Verluste rührt an die Wurzeln eines auf privatem Eigentum basierenden Wirtschaftssystems. Es ruiniert die freiheitliche Ordnung an ihrer empfindlichsten Stelle: der moralischen Glaubwürdigkeit als der notwendigen Bedingung für ihre prinzipielle Akzeptanz durch die Bevölkerung, die auch Krisenzeiten zu überstehen in Lage ist.

IV. Rückbesinnung auf die Ordnungsidee des Eigentums

Die Rückbesinnung auf die Ordnungsidee des Eigentums vermag indes auch Wege aus der Krise zu weisen. Ich belasse es bei einigen wenigen Stichworten:

- Allgemein: die Wiederherstellung, Wahrung und zumindest auch symbolische Realisierung des Konnexes von Freiheit und Risiko sowie Verantwortung und Haftung gehört zu den dringlichsten politischen Aufgaben aller beteiligten Kreise im Kontext der Finanzkrise. Das bedeutet konkret:
- Ansprüche von Eigentümern, Anlegern und Beschäftigten einer staatlich gestützten Bank können nicht einfach so bedient werden, als wäre außer dem staatlichen Mittelzufluß nichts gewesen. Stichwort: „Bonuszahlungen aus Steuergeldern". Insoweit muß klar sein: Notleidende Banken werden vom Staat nicht um ihrer selbst willen gerettet, sondern nur um der Stabilität des Finanzsystems willen. Nur deswegen ist der Einsatz von Steuergeldern überhaupt politisch wie verfassungsrechtlich zu rechtfertigen. Daher müssen sich solche Ansprüche gegen eine solche Bank im Ansatz danach bemessen, was sie ohne die staatliche Rettung des an sich insolventen Unternehmens noch wert wären: Hinweise dafür kann man der Insolvenzordnung und den Besoldungstabellen des öffentlichen Dienstes entnehmen.
- Systemische Bank zu sein hat seinen Preis. Banken, die aus Gründen der Stabilität des Finanzmarktes nicht untergehen dürfen und deswegen stillschweigend schon immer die staatliche Gewährsträgerhaftung in der Tasche haben – was wir allerdings erst seit kurzem wissen –, werden sich

dieser Qualität als systemisches Unternehmen nur in begrenzter Weise erfreuen können und dürfen. Denn unvermeidliches Korrelat und Konsequenz einer staatlichen de-facto-Gewährsträgerhaftung, d.h. einer staatlichen Sicherheitsgarantie, werden intensivere staatliche Überwachung, strengere Regulierung, weiterreichende Informationspflichten und Begrenzungen bei der Eingehung von Risiken sein müssen.

– Die Gründung von Bad Banks mag aus Gründen der Vertrauensbildung auf den Finanzmärkten notwendig sein. Wie immer sie konkret ausgestaltet werden, im Ergebnis darf ihre Gründung und die Auslagerung der Risiken nicht zu einer prinzipiellen Haftungsverlagerung zu Lasten der Steuerzahler führen.

Ich breche ab und fasse zusammen: es gibt und es muß privates Eigentum geben, damit Verantwortung zugerechnet und Haftung realisiert, d.h. Gewinn und Verlust einem konkreten Verantwortungsträger persönlich zugerechnet werden kann. Das ist die notwendige Bedingung für die Entstehung von erneutem strukturellem Vertrauen in das Finanzsystem. In dieser vertrauensbildenden Kraft liegt die ordnungspolitische Funktion der Gewährleistung privaten Eigentums. Diese Kraft zu stärken, darin liegt das vornehmste Anliegen der Deutschen Stiftung Eigentum, und zu diesem Zwecke haben wir zu diesem Symposion geladen. Ich wünsche uns allen ertragreiche und wegweisende Erkenntnisse.

Rückbesinnung auf ein Grundrecht – Eigentum als Schule von Freiheit und Risiko

Paul Kirchhof

Geldeigentum ist geprägte Freiheit. So sagt es Dostojewski[1] und so hat es das Bundesverfassungsgericht[2] in die Entscheidung zum Euro aufgenommen. Die ökonomische Grundlage individueller Freiheit bietet das Eigentum. Es gibt kaum einen Lebensbereich – des Berufs, der Wohnung, der Familien- oder Firmengründung, der Medien, der Kunst oder Wissenschaft –, in dem sich individuelle Freiheit ohne persönliches Eigentum entfalten könnte.

Artikel 14 Absatz 1 des Grundgesetzes gewährleistet das „Eigentum", scheint damit das Eigentum als einen objektivrechtlichen Befund, als ein Strukturelement unseres Wirtschaftslebens zu garantieren. Doch Grundrechte schützen den Menschen, geben ihm persönliche Rechte und Pflichten. Die Garantie des Eigentums meint damit die Eigentümerfreiheit. Dieses Recht des einzelnen Menschen an seinem privatnützigen Eigentum verkannt zu haben, ist Grund unserer Finanzkrise, die eine Denkkrise ist.

Die Akteure des Finanzmarktes, die anbietenden Finanzinstitute, Fondsmanager und Ratingagenturen, ebenso aber die nachfragenden Anleger haben Finanzprodukte gehandelt, von denen weder der Verkäufer noch der Käufer wussten, was sie wert sind. Der Tausch von Waren und Dienstleistungen ist immer mehr durch das Prinzip von Spiel und Wette verdrängt worden. Die Finanzinstitute haben sich, insbesondere in risikoentlastenden Zweckgesellschaften, so vernetzt, dass das Scheitern eines Instituts nicht durch andere aufgefangen wird, vielmehr ein Fehler im Netz alle Beteiligten gefährdet.

Der Automarkt hat Überkapazitäten geschaffen, die wesentliche Teile der Produkte unverkäuflich machen. Der Gesetzgeber betreibt eine Inflation des Rechts, die ebenso zerstörend wirkt wie eine Inflation des Geldes; der Bundestag erlässt jedes Jahr mehr als 100 Gesetze, die Europäische Union täglich 8 Verordnungen und Richtlinien, verweigert damit dem Adressaten die Ste-

---

1 Das Sprachbild, im Geld verkörpere sich „geprägte Freiheit", verwendet das Bundesverfassungsgericht in BVerfGE97, 350 (371) – Euro – und lehnt sich dabei an ein Wort *Fjodor Dostojewskis* an (Fjodor Dostojewski, Aufzeichnungen aus einem Totenhaus, 1994, S. 25).

2 BVerfGE 97, 350 (371) – Euro –.

tigkeit der Normen, die langfristige Grundlage der Freiheitsplanung und Freiheitsgestaltung.

Eigentum braucht die Verlässlichkeit, Voraussehbarkeit und Planbarkeit des Rechts, auf die sich der Eigentümer bei der Entfaltung seiner Freiheit stützt. In der Hast und Unstetigkeit immer neuer Gesetze müssen wir innehalten und fragen, ob wir in der Gesetzgebung in den letzten 20 Jahren so leistungsfähig und erfolgreich waren, wie wir es im Wirtschaftlichen gewesen sind.

I. Der Inhalt der Eigentumsgarantie

Nach Artikel 14 Absatz 1 GG werden „Eigentum und Erbrecht gewährleistet.“ Dieser Satz garantiert die Freiheit des Eigentümers in der Entscheidung über sein Eigenes und stellt diese Berechtigung des Eigentümers als Person in die Generationenfolge der Erbrechtsnachfolge. Es geht nicht nur um die Garantie eines Rechtsinstituts, wer auch immer der Berechtigte sein möge, sondern um ein Grundrecht, das die Berechtigung des Eigentümers als Person schützt und das Erbrecht auch für die Zukunft privater Hand vorbehält. Der Eigentumsschutz betrifft grundsätzlich alle vermögenswerten Rechte, die dem Berechtigten von der Rechtsordnung so zugeordnet sind, dass dieser, das Eigene erwerben, besitzen, nutzen, verwalten und über es verfügen[3] darf.[4]

Nach Artikel 14 Absatz 1 Satz 2 werden „Inhalt und Schranken des Eigentums“ durch Gesetze bestimmt. Die Gewährleistung der Eigentümerfreiheit ist auf die Konkretisierung und Ausformung durch den Gesetzgeber angelegt. Das Bürgerliche Gesetzbuch bietet die wesentliche Kodifikation, die dem Eigentümer sein Recht zum Besitz, zum Verwalten, zum Nutzen, zum Verfügen gibt, insbesondere die Vertragsfreiheit als wesentliches Instrument der Freiheit und der wirtschaftlichen Prosperität anbietet.

Artikel 19 Absatz 3 Grundgesetz erstreckt die Eigentumsgarantie auf die juristische Person. In dieser wird ein Unternehmen in den Eigentümerechten verstetigt, gewinnt vom Unternehmensgründer Unabhängigkeit, bündelt das Eigentum vieler zum gemeinsamen Wirtschaften, teilt die Eigentümerrechte zwischen Gesellschafter und Gesellschaft auf, erlaubt oft einen stetigen, fast beliebigen Gesellschafterwechsel. Auch die in Kapitalgesellschaften organisierten Großunternehmen genießen den Schutz des Artikel 14 GG[5], beanspruchen dabei das Eigentümerrecht aber eher für eine juristische Organisation, die eine Berufs- und Erwerbsfreiheit wahrnimmt, nicht ein individualnütziges Privateigentum, das die persönliche Freiheit eines Einzelnen stützt und trägt.[6]

---

[3] BVerfGE 97, 350 (370) – Euro –; 105, 17 (30) – Sozialpfandbriefe –.

[4] BVerfGE 112, 93 (107) – Stiftung „Erinnerung, Verantwortung und Zukunft“ –.

[5] BVerfGE 100, 289 (301) – Aktiengesellschaft –.

[6] Vgl. dazu BVerfGE 24, 367 (389) – Hamburgisches Deichordnungsgesetz –.

II. Eigentümerfreiheit als Abwehrrecht

Die Eigentümerfreiheit meint die Freiheit vom Staat.[7] Der Eigentümer erwartet vom Staat, dass dieser sein Eigenes achtet, die Wahrnehmung seiner Eigentümerfreiheit nicht beeinträchtigt, ihm Eigenes nicht wegnimmt, nicht enteignet. Allerdings setzt der staatliche Eingriff in das Eigentum voraus, dass dort jeweils ein wirtschaftlicher Wert greifbar ist. Eine Bank, deren Wert Null beträgt, deren Anteile deshalb ebenfalls nichts wert sind, könnte nur enteignet werden, wenn eine Chance der Sanierung noch einen Vermögenswert böte. Wird diese Sanierung jedoch ausschließlich durch staatliche Zuführungen und Garantien möglich, ist die Sanierungschance Ausdruck staatlicher Sanierungshilfe, nicht privatnützige Eigentums. Damit stellt sich nicht die Frage der Enteignung, sondern lediglich die nach einem staatlichen Wiederaufbau mit Steuergeldern, die Gemeinlasten finanzieren, nicht aber neues Eigentum der Anleger bilden sollen. Die Garantie der Eigentümerfreiheit rechtfertigt keinen Eigentumserhalt aus Steuermitteln, deretwegen die Steuerzahler jetzt oder später Eigenes verlieren.

Die Garantie der Eigentümer- und Berufsfreiheit weisen den Staat in Distanz, belassen die Produktionsfaktoren Arbeit und Kapital strukturell in privater Hand. Der Staat mag gelegentlich Staatsunternehmen, etwa ein Hofbräuhaus, betreiben, finanziert sich grundsätzlich aber nicht als Unternehmer, sondern durch Teilhabe am Erfolg privaten Wirtschaftens, also durch Steuern.

Freiheit vom Staat bedeutet auch, dass wir vom Staat grundsätzlich gutes Recht, nicht gutes Geld erwarten dürfen. Geldvermögen ist Eigentum, gehört also prinzipiell nicht in staatliche, sondern in private Hand. Der Staat darf einen Teil des erworbenen Einkommens und der eingesetzten Kaufkraft (Umsatz) durch die Gemeinlast der Steuer für den Staatshaushalt beanspruchen, muss dann aber die Haushaltsmittel an die Allgemeinheit der Steuerzahler zurückgeben. Wenn unsere gegenwärtige Debatte nur nach einem Rettungsschirm durch höhere Besteuerung oder Staatsverschuldung ruft, erliegt sie einem grundlegenden Missverständnis: Der Steuerbürger muss nicht für die strukturellen Fehler privaten Wirtschaftens einstehen, darf vielmehr voraussetzen, dass der Erwerb in Wahrnehmung von Berufs- und Eigentümerfreiheit auf eigene Chance, aber auch auf eigenes Risiko angelegt ist. Wir müssen gegenwärtig wieder die Frage nach dem staatlichen Schenkungsver-

---

[7] Grundlegend zur Funktion des grundrechtlichen Eigentums *Otto Depenheuer*, in: von Mangold/Klein/Starck (Hrsg.), Grundgesetz-Kommentar, 5. Auflage, 2005, Artikel 14, Rn. 11 ff.; *Brun-Otto Bryde*, in: von Münch/Kunig (Hrsg.), Grundgesetz, Band I, 5. Auflage, 2000, Artikel 14, Rn. 13ff.; *Joachim Wieland*, in: H. Dreier (Hrsg.), Grundgesetz, Kommentar, Band 1, 2. Auflage, 2004, Artikel 14, Rn. 78 ff.; *Hans-Jürgen Papier*, in: Maunz Dürig, Grundgesetz, Kommentar, Band II, Art. 14 (2002), Rn. 206ff.

bot aufgreifen: Darf der Staat Steuererträge, die für das Gemeinwohl bestimmte Gemeinlast, verschenken?

Die Hingabe von staatlichem Geld ist strukturell privilegienanfällig. Grundsätzlich sind staatliche Entscheidungen auf ein klares Ja oder Nein angelegt. Der Atomreaktor ist sicher oder unsicher, ein Arzneimittel tauglich oder untauglich, ein Bewerber geeignet oder ungeeignet. Bei der Gewährung von Geld hingegen sind so viele Kompromisse möglich, als eine Summe in Euro teilbar ist. Stellen wir uns einmal vor, der Staat hätte heute 80 Millionen Euro zu verteilen und gäbe – streng nach dem Gleichheitssatz – jedem der 80 Millionen Bürger in Deutschland einen Euro. Diese Verteilungsaktion wäre sinnlos, verursachte Kosten ohne Wirkung. Gibt der Staat hingegen 80 Personen je eine Million Euro, kann er mit einer solchen Summe die Adressaten beeinflussen, sie veranlassen, das zu tun, was der Staat will. Staatliche Geldvergabe neigt tendenziell zum Privileg. Der Wechsel des staatlichen Handlungsmittels vom Recht zum Geld verlässt deshalb die strikte Gleichheit vor dem Gesetz (Artikel 3 Absatz 1 GG) und begibt sich in die Vielfalt und Konturenarmut der Geldwirtschaft.

Heute scheint es fast selbstverständlich, dass der freiheitsberechtigte Bürger sich vom Staat ein Stück seiner Freiheit „abkaufen“ lässt. Diese Verlockung durch die Macht des Geldes begründet einen herben Eingriff in die individuelle Freiheit, der schon bei der Bildung des Motivs zu freiheitlichem Handeln ansetzt, den Bürger kaum merken lässt, dass er durch staatliches Geld verführt wird, weil er von sich aus soviel als möglich erwerben will und der Staat ihm diesen Erwerb ermöglicht. Das staatsrechtliche Grundrechtskonzept sieht den Bürger als freiheitsberechtigt, den Staat als freiheitsverpflichtet. In diesem Konzept stützt der Staat die individuelle Freiheit durch sein Recht, lenkt nicht die Freiheitsausübung durch seine Finanzmacht. Diese Freiheitsidee veranlasst die weitere Frage, ob der Bestechlichkeitsparagraph nicht umgekehrt müsste: Wie weit darf der freie Mensch sich vom Staat durch Steuergelder für eine bestimmte Wahrnehmung seiner Freiheit bezahlen lassen?

III. Vom freien zum gelenkten Bürger

Die Eigentümerfreiheit erlaubt dem Berechtigten, in strikt formaler Gleichheit von Anbietern und Nachfragern am Markt erfolgreich zu sein. Aufgrund dieser Freiheit unterscheiden sich die Menschen in Unternehmer und Arbeitnehmer, Wohnungseigentümer und Wohnungsmieter, unternehmerische und private Nachfrager.

Dieses Konzept einer Freiheit vom Staat ist durch eine Änderung des Grundgesetzes[8] 1967 modifiziert worden. Der verfassungsändernde Gesetz-

---

[8] 15. Gesetz zur Änderung des Grundgesetzes vom 8.6.1967, Bundesgesetzblatt I, S. 581.

geber betonte die Steuerkraft des Staatshaushaltes und verpflichtete Bund und Länder, bei ihrer Haushaltswirtschaft den Erfordernissen des gesamtwirtschaftlichen Gleichgewichts Rechnung zu tragen. Zugleich wurde die verfassungsrechtliche Grenze eines Staatskredits, wonach die jährliche Verschuldung die jährliche Investitionssumme nicht übersteigen dürfe, gelockert und eine Ausnahme „zur Abwehr einer Störung des gesamtwirtschaftlichen Gleichgewichts" zugelassen. Der Haushalt wird so in den Dienst der Stabilität des Preisniveaus, eines hohen Beschäftigungsstandes, eines außenwirtschaftlichen Gleichgewichts – damals auch in der Erwartung eines stetigen und angemessenen Wirtschaftswachstums – gestellt.[9]

Dieses „magische Viereck" trägt ein Stück Magie in das Verfassungsrecht, weil es die Prognose von Unvorhersehbarem erwartet und gegenläufige Teilziele einer rechtlich kaum vorstrukturierten politischen Einschätzung überantwortet. Nach diesem Maßstab wird der freie Bürger zum Gegenstand staatlicher Steuerung.[10]

Diese in ihren gesamtwirtschaftlichen Auswirkungen umstrittene Ermächtigung[11] veranlasst die Frage, ob die Menschen der Gegenwart durch staat-

---

[9] Gesetz zur Förderung der Stabilität des Wachstums und der Wirtschaft, ebenfalls verkündet am 8.6.1967, Bundesgesetzblatt I, S. 582, dort § 2; Artikel 115 des Grundgesetzes wurde durch das 20. Gesetz zur Änderung des Grundgesetzes vom 2.5.1969 (Bundesgesetzblatt I, S. 357) novelliert.

[10] Vgl. *Hermann Pünder*, Staatsverschuldung, in: Josef Isensee/Paul Kirchhof (Hrsg.), Handbuch des Staatsrechts, 3. Auflage, Band V, 2007, § 123, Rn. 8 ff.; zur Grundsatzdiskussion vgl. Troeger-Gutachten, Kommission für die Finanzreform, Gutachten über die Finanzreform in der Bundesrepublik Deutschland, 1966; hierzu *Karl-Heinrich Friauf*, Öffentlicher Haushalt und Wirtschaft, in: VVDStRL 27 (1971), S. 55; *Klaus Vogel/Christian Waldhoff*, Grundlagen des Finanzverfassungsrechts, 1999, Rn. 211 f.; Informationen zum politischen Hintergrund geben *Udo di Fabio/Rudolf Mellinghoff*, Sondervotum zu BVerfGE 119, 96 ff. – Bundeshaushalt 2004 –; S. 155 (161 f.); BVerfGE 79, 311 (335 f.) – Staatsverschuldung –; *Otto Gandenberger*, Öffentliche Verschuldung – II. Theoretische Grundlagen, in: Handwörterbuch der Wirtschaftswissenschaft, Band V, 1980, S. 480 (483 ff.); *Wolfram Höfling*, Staatsschuldenrecht, 1993, S. 279 ff.; Sachverständigenrat zur Begutachtung der gesamtwirtschaftlichen Entwicklung, Staatsverschuldung wirksam begrenzen – Expertise im Auftrag des Bundesministers für Wirtschaft und Technologie, 2007, S. 37 ff. Relativierend *Werner Heun*, Staatsverschuldung und Grundgesetz, in: Die Verwaltung 18 (1985), S. 1 (10 ff.).

[11] Vgl. *Hermann Pünder*, Staatsverschuldung, in: Josef Isensee/Paul Kirchhof (Hrsg.), Handbuch des Staatsrechts, 3. Auflage, Band V, 2007, § 123, Rn. 8 ff., Zu den Forderungen Keynes' vgl. *John Maynard Keynes*, The General Theory of Employment, Interest and Money, 1936. ferner BVerfGE 79, 311 (331) – Staatsverschuldung –; 119, 96 (137 f.) – Bundeshaushalt 2004 –; aus volkswirtschaftlicher Sicht *Stefan Funke*, Die Verschuldungsordnung – Ein Beitrag zur finanzwirtschaftlichen Ordnungspolitik, 1995, S. 77 ff.; Sachverständigenrat zur Begutachtung der gesamtwirtschaftlichen Entwicklung, Staatsverschuldung wirksam begrenzen – Expertise im Auftrag des Bundesministers für Wirtschaft und Technologie, 2007, S. 45 ff. mit weiteren Nachweisen. Keynes' Rolle relativierend *Rudolf Wendt/Michael Elicker*, Staatsverschuldung und intertemporäre Lastengerechtigkeit, in: Deutsches Verwaltungsblatt, 2001, 497 (503); *Stefan Mückl*, „Auch in Verantwortung für die künftigen Generationen" – „Generationengerechtigkeit" und Verfassungsrecht, in: Otto Depenheuer u. a. (Hrsg.), Staat im Wort. Festschrift für Josef Isensee, 2007, S. 183 (189). Weiterführend zu früheren deutschen Ansätzen einer Art

liche Geldmacht gesteuert werden dürfen. Immerhin meint die Globalsteuerung eine gesamtwirtschaftliche Lenkung der Wirtschaftsfaktoren, nicht die individualrechtliche Steuerung des einzelnen Bürgers.

Doch wie sehr eine solche Globalsteuerung letztlich Individuallenkungen zur Folge hat, zeigen die Krisenelemente, die als „systemisch" bezeichnet werden und deren Bewältigung in die Verantwortlichkeit des Staates gewiesen wird. Geraten große Unternehmen, auf die wir glauben, nicht verzichten zu können, in eine Zahlungskrise, scheint die Hilfe aus dem Staatshaushalt notwendig. Diese großen Unternehmen haben sich – zur Risikostreuung – so vernetzt, dass der herbe, aber richtige Gedanke einer „schöpferischen Zerstörung" gegenstandslos wird. Die Schwäche eines Konkurrenten veranlasst die Mitbewerber nicht, die Kunden und die Marktanteile des Konkurrenten zu übernehmen. Vielmehr sind alle miteinander so vernetzt, dass ein Fehler im Netz alle anderen mit gefährdet. Hier haben sich kartellähnliche Sicherheitssysteme entwickelt, die den Gedanken konkurrierender Freiheit gänzlich verdrängen.

Die wirtschaftliche Schwäche eines kleinen oder mittleren Unternehmens hingegen führt in die Insolvenz. Das Unternehmen scheidet vom Markt aus. Die Wettbewerber übernehmen mit ihrer besseren Leistung dessen Marktanteile. Freiheitschance bleibt auch Freiheitsrisiko.

Staatliche Steuerung durch die Macht des Geldes entspricht nicht der Idee des selbstbestimmten Freiheitsberechtigten, der Herr über sein eigenes Verhalten ist, sondern drängt den Grundrechtsträger in die Rolle dessen, der dem Geld hinterherläuft, für Geld vieles tut, was er andernfalls nicht tun würde. Die steuerlichen Anreize zur „Schrottimmobilie" belegen,[12] dass die Finanzmacht des Staates in der Lage ist, den Menschen in die ökonomische Unvernunft, in die persönliche Torheit zu leiten.

IV. Kollektiveigentum

Wir stehen heute weniger vor dem Problem einer Sozialisierung, bei dem sich der Staat der Privatwirtschaft bemächtigt, sondern wir haben das gleich gefährliche Problem der Kollektivierung vor Augen. Je mehr der Eigentümer sich im Kollektiv verliert, desto schwächer würde die Garantie des Privateigentums.

[redacted] für Josef Isensee, 2007, S. 183 (189). Weiterführend zu früheren deutschen Ansätzen einer Art „fiscal policy" *Markus Heintzen*, Staatshaushalt, in: Josef Isensee/Paul Kirchhof (Hrsg.), Handbuch des Staatsrechts, 3. Aufl., Band V, 2007, § 120 Rn. 21.; Zur „Gegenrevolution" in der Geldtheorie vgl. *Milton Friedman*, The Counter-Revolution in Monetary Theory, 1970, übersetzt als „Die Gegenrevolution in der Geldtheorie" in: *Peter Kalmbach* (Hrsg.), Der neue Monetarismus, 1973, S. 47 ff.

[12] Zu den steuerfinanzierten „Schrottimmobilien" vgl. nur BGHZ 159, 280 ff.; 167, 252 ff.; 168, S. 1 ff.

Die Freiheit verliert sich im Kollektiv eines nicht mehr überschaubaren Marktes, wenn bei Publikumsgesellschaften der Kapitalgeber auf ein eher formales Recht der Dividende und Wertbeteiligung beschränkt ist, der Anleger täglich von einem zum anderen Unternehmen wechselt, der Unternehmensvorstand sich eher durch Banken, Bonusberechtigte und übernahmebereite Konkurrenten in Pflicht genommen sieht. Bonussysteme verleiten die Menschen, nach Kennzahlen und nicht nach nachhaltigen Werten zu streben, führen zu Netzwerken, die Leistung untergraben. Der Rhythmus unternehmerischen Entscheidens wird durch die Kurzfristigkeit von Quartalsberichten, weniger durch die langfristige Pflege der Unternehmensentwicklung bestimmt.

Die Risiken dieser Geschäfte sind so groß, dass ein Finanzinstitut sie allein nicht tragen kann. Sie werden deshalb in gemeinsamen Gesellschaften verteilt und so vernetzt, dass ein einzelnes Unternehmen mit einer bestimmten Größe nicht mehr aus dem Markt ausscheiden kann, seine Geschäfte und Kunden kaum von dem besseren Konkurrenten übernommen werden, vielmehr eine Schwäche im Netz alle Vernetzten in den Niedergang zieht. Das harte, aber richtige Wort der „schöpferischen Zerstörung" wird durch kartellähnliche Strukturen gegenstandslos. Die Krise eines einzelnen Institutes weitet sich zur allgemeinen Finanzkrise, aus der nur noch der Zugriff auf den Staatshaushalt zu helfen scheint.

Die Krise des Finanzmarktes beruht wesentlich auf einer Erwerbsstruktur, bei der die Beteiligten für ihr Produkt und ihre Schuldner kaum noch verantwortlich sind. Herkömmlich leiht der Bankier bei dem Sparer einen Betrag für drei Prozent, überlässt diesen Betrag dem Investor für sechs Prozent, stimmt die Laufzeiten beider Verträge aufeinander ab und beobachtet die Bonität seines Schuldners. Heute hingegen gewährt er Kredit und verkauft die Forderung an eine Zweckgesellschaft. Damit realisiert er seine Forderung, verliert das Interesse an der Bonität des Kreditnehmers, entzieht sich also der Verantwortlichkeit für den von ihm ausgewählten Schuldner. Die Zweckgesellschaft verbrieft derartige Forderungen in einem Wertpapier, das sie wiederum an Investoren und Banken verkauft oder auch bei der Zentralbank als Pfand hinterlegt. Die so gewonnenen Gelder werden wieder zur Kreditvergabe eingesetzt, wieder werden die Forderungen verbrieft, wieder verdienen Banken, Finanzberater, Bewerter, Versicherer und Rückversicherer. In diesen Finanzkonstrukten verliert der Finanzier den Bezug zu tatsächlicher Produktivität und Dienstleistung, begegnet auch kaum noch Schuldnern und Gläubigern, tauscht Geld gegen Geld. Die Risiken dieser Geschäfte sind groß. Die Finanzinstitute vernetzen sich deshalb, scheitern gemeinsam und rufen nach der Hilfe durch den Staatshaushalt.

V. Haftung

Damit sind die Entscheidungsträger der Demokratie gefordert. Das demokratische Prinzip baut auf die individuelle Freiheit jedes Bürgers, der mit seinem Stimmrecht auf die Entscheidungen des Staates Einfluss nehmen soll. Die Demokratie weiß, dass Herrschaft Widerstand, auch Aufstand provozieren kann, sucht deshalb die gegenläufigen Interessen parlamentarisch und in Wahlen in ständigem Gespräch zu halten, gibt der Minderheit von heute die Chance, die Mehrheit von morgen zu sein, sucht in der Offenheit der Debatte die gegenläufigen Interessen schonend miteinander auszugleichen. Auch dieser demokratische Ausgleich setzt voraus, dass freiheitliches Wirtschaften sich im eigenen Vermögen niederschlägt und nicht zur Gemeinlast wird, die dann durch die Allgemeinheit der Steuerzahler zu finanzieren wäre.

Wirtschaften dürfen heißt auch haften müssen. Das persönliche Risiko des individuellen Fehlers sichert die Qualität der Leistung. Wer haftet, handelt vorsichtig. Deswegen sollte der Gesetzgeber das Prinzip des Kapitäns einführen, der weiß, dass er beim Sinken seines Schiffes als letzter das Schiff verlässt, also höchstpersönlich wesentliche Risiken trägt, und deshalb sein Schiff vorsichtig durch die Weltmeere steuert.

Wer zulasten anderer spielen und wetten kann, wird risikobereit, wagemutig, tollkühn. Deswegen müssen wir die Frage stellen, ob die Verbriefung von Forderungen in Zweckgesellschaften tatsächlich denjenigen entlasten darf, der den Schuldner ausgesucht und deswegen die Bonität dieses Schuldners zu verantworten hat. Daneben wird gegenwärtig zu Recht geprüft, ob ein Institut, das bestimmte Anlagen empfiehlt, mit einer Eigenbeteiligung selbst Teile des Risikos dieser Empfehlung tragen soll. Universalbanken könnten rechtlich so untergliedert werden, dass die „systemischen" Risiken von Spiel und Wette nicht auch die Sparer gefährden, die Sicherheit suchen und dafür eine geringere Rendite in Kauf nehmen. Soweit die Kreditinstitute den Steuerstaat als Sanierungshelfer in Anspruch nehmen, sollten vertraglich Absprachen getroffen werden, die alle begünstigten Unternehmer verpflichten, nach der erfolgreichen Sanierung an der Sanierung des hochverschuldeten Staates – über die allgemeine Steuerpflicht hinaus – mitzuwirken.

Spiel und Wette sollten allenfalls für einen gesonderten Markt eröffnet werden, dessen rechtlichen Rahmen ein Staat zu setzen hat, der bei Spiel und Wette grundsätzlich den Spieltrieb des Menschen einzudämmen sucht und dazu verfassungsrechtlich verpflichtet ist. Schließlich muss die Selbstverständlichkeit, dass hohe Renditen in der Regel hohe Risiken voraussetzen, durch eine Haftung auch für Unbestimmtheiten und Unklarheiten bei Empfehlungen und Werbungen bewusst gemacht werden, die deutlich über eine herkömmliche Prospekthaftung hinausgeht.

Die privatwirtschaftlich tätigen Finanzinstitute handeln strikt nach dem Prinzip der Risikoabsicherung. Sie vergeben den Kredit nicht schon, wenn sie das Geld billig erhalten und teuer überlassen können, sondern fragen nach den Sicherheiten, die der Kreditnehmer bieten kann. Deshalb genügt es nicht, dass der Staat den Finanzinstituten staatliche Gelder zuweist. Gleichermaßen wesentlich ist, dass die kreditsuchenden Unternehmen hinreichende Sicherheiten bieten können. Wenn eine Bank Gelder empfängt, ohne für einen Kredit genügende Sicherheit zu erwarten, wird sie Grundstücke, Staatsanleihen, Beteiligungen oder Unternehmen erwerben. Die Verbilligung des Geldes lässt dann die Preise für Anlagegüter steigen. Gewinne erwachsen mehr und mehr aus dieser Wertsteigerung und weniger aus realer Produktivität. Sie sammeln sich bei Finanzinstitutionen, schwächen Produktion und Handel. Staatlich verbilligtes Geld und staatliche Geldzuweisungen gefährden Unternehmen.

Ein Kernproblem unserer Finanzkrise liegt auch in dem Versuch, wirtschaftliche Ausgangstatbestände, Prognosen und Renditeerwartungen allein in Zahlen auszudrücken. Von den Steuerbilanzen wissen wir, dass die Zahl nur Zählbares zum Ausdruck bringen kann, die Zukunft und insbesondere zukünftiges Wollen und Entscheiden des Menschen aber nicht zählbar ist. Der Mensch sucht mehr Sicherheit, als Menschen bieten können. Das gilt für den Wetterbericht, die Wirtschaftsprognosen und die Bewertungen durch Ratingagenturen. Ein guter Freund hat mir einmal zum Geburtstag – um dem Bilanz- und Steuerrechtler erneut die Relativität von Zahlenwerk und Statistiken bewusst zu machen – den guten Wunsch mit auf den Weg gegeben, ich möge 100 Jahre alt werden; danach – das sage die Statistik – sterbe kaum noch ein Mensch.

VI. Wachstum auf Kosten weiterer Verschuldung

Der staatliche Einsatz von Haushaltsmitteln bemüht sich um ein Wirtschaftswachstum fast um jeden Preis. Doch wenn gegenwärtig die Produktion und Nachfrage nachlässt, weil wir weniger Kinder haben werden, wenn der Finanzmarkt deutlich mehr Werte handelt als tatsächlich vorhanden sind, wenn der Automobilmarkt mehr Autos produziert, als benötigt werden, gestatten wir uns nicht eine Phase der Beruhigung, der Neuorientierung in Bescheidenheit, sondern suchen künstlich und auf Kredit das Wachstum in Schwung zu bringen.

Diese Scheinprosperität durch Verschuldung lässt sich nur organisieren, solange die Lasten dieser Verschuldung noch nicht spürbar sind. Der Gesetzgeber greift deswegen zur Finanzierung auf eine erhöhte Staatsverschuldung zurück. Der Staat jedoch hat gegenwärtig mehr als 1,5 Billionen Euro[13] ausgewiesene Schulden, real – insbesondere wegen der Alterssicherungs-

[13] Im Jahr 2007 betrug die explizite Staatsverschuldung 1.502.196 Mio. Euro, vgl. Statistisches Bundesamt, Statistisches Jahrbuch 2008 – Für die Bundesrepublik Deutschland, 2008, S. 561.

systeme – über 7 Billionen Schulden,[14] ist also einer der finanziellen Krisenfaktoren unseres Systems. Deswegen müssen wir einen Schutzschirm für den Steuerzahler, insbesondere den zukünftigen Steuerzahler, spannen.

Eine staatliche Hilfe durch Staatsverschuldung kommt demnach allenfalls in Betracht, wenn das zu sanierende Unternehmen sich vertraglich verpflichtet, nach Gelingen seiner Sanierung aktiv – über die allgemeine Steuerzahlung hinaus – an der Sanierung des Staates mitzuwirken. Jedenfalls erscheint es schlechthin unvertretbar, eine Wirtschaftskrise von heute durch Maßnahmen zu bewältigen, die einen Wirtschaftskrise der nächsten Generation voraussehbar veranlasst. Eigentum berechtigt zu eigenverantwortlichem Wirtschaften. Der steuerliche Zugriff auf Eigentum rechtfertigt sich aus dem gegenwärtigen Finanzbedarf des Staates. Der kreditrechtliche Vorgriff auf die Steuerkraft der Zukunft darf nicht gegenwärtiges Eigentum stützen und dafür zukünftiges Eigentum belasten.

VII. Wettbewerb der Freiheitsberechtigten, nicht der Staat

In der gegenwärtigen Finanz- und Wirtschaftskrise muss das Verfassungsrecht wieder seine strukturgebende Ordnung entfalten: Freiheitsberechtigt ist der Mensch, freiheitsverpflichtet der Staat. Unternehmen werden grundsätzlich von den Eigentümern bewirtschaftet; der Staat nimmt nur im Dienst von Gemeinschaftsaufgaben steuerlich am Erfolg privaten Wirtschaftens teil.

Diese Unterscheidung gilt insbesondere für die freiheitliche Idee des Wettbewerbs. Beim Wettbewerb konkurrieren Freiheitsberechtigte um dasselbe Ziel, das aber nur einer erreichen kann. Im Sport erhält der Sieger die Goldmedaille, beim Wahlwettbewerb der Wahlsieger das Mandat, im Wirtschaftswettbewerb der beste Anbieter den Auftrag. Dieser Wettbewerb rechtfertigt die Unterscheidung zwischen Sieger und Besiegten, weil alle Beteiligten sich in einem fairen Verfahren auf diesen Wettbewerb eingelassen haben.

Das Recht hingegen schafft nicht Sieger und Besiegte, sondern stiftet Frieden, gleicht aus, vermittelt zwischen Gegensätzen.[15] Der Staat handelt autonom,[16] nicht frei, beansprucht nicht eine beliebige Herrschaft, sondern eine

---

[14] Zu der expliziten Staatsverschuldung tritt die implizite Staatsverschuldung hinzu. Sie betrug im Jahr 2005 knapp 5,3 Billionen Euro, vgl. *Albert Braakmann/Thorsten Haug*, Das Renten- und Pensionsvermögen in den volkswirtschaftlichen Gesamtrechnungen, in: Statistisches Bundesamt, Wirtschaft und Statistik 12/2007, S. 1167 (1173), vgl. außerdem BT-Drucks. 16/3887, S. 2; *Ingrid Hohenleitner/Thomas Straubhaar*, Grundeinkommen und soziale Marktwirtschaft, APuZ 2007, S. 11 (12); Der Steuerzahler 2008, S. 152.

[15] Vgl. *Paul Kirchhof*, Das Wettbewerbsrecht als Teil einer folgerichtigen und widerspruchsfreien Gesamtrechtsordnung, in: ders. (Hg.), Gemeinwohl und Wettbewerb, 2004, S. 1 ff.; *Paul Kirchhof*, Der Staat tut dem Wettbewerb gut: Eine gedankliche Begegnung mit Viktor Vanberg. In: ORDO Jahrbuch für die Ordnung von Wirtschaft und Gesellschaft, Band 56, 2005, S. 55 ff.

[16] Zum Begriff der Autonomie vgl. *Rosemarie Pohlmann*, Stichwort: Autonomie, in: Joachim Ritter (Hg.), Historisches Wörterbuch der Philosophie, Bd. I, 1971, Sp. 702ff.

Gewalt zur Wahrung von Recht und Frieden, die territorial begrenzt, also auf die Zusammenarbeit auch mit anderen, gleich souveränen Staaten angewiesen und angelegt ist, die insbesondere auch schroffe Ergebnisse von Konkurrenz und Wettbewerb ausgleicht.

Die Staatsbürger sind nicht wechselbereite Kunden, sondern durch Staatsangehörigkeit gebunden. Der Status der Staaten ist rechtlich gesichert, so dass ein Staat nicht vom anderen im Wettbewerb verdrängt und feindlich übernommen werden darf. Die finanzielle Schwäche eines Staates wird von dem anderen im Rahmen eines Finanzausgleichs gemäßigt und aufgefangen. Die Zusammenarbeit der Staaten – etwa bei der Umsatzsteuer im Rahmen der Europäischen Union – führt nicht zu einem rechtlich zu beanstandenden Kartell, sondern nimmt sachgerecht Autonomie wahr. Staatliches Leisten folgt nicht dem Prinzip der Gewinnmaximierung, sondern der Bedarfsgerechtigkeit. Der Staat sieht sich in der Einflusssphäre seines Gebietes, seines Verfassungsrechts, seiner gebundenen Hoheitsgewalt beschränkt, strebt nicht wettbewerblich nach Wachstum und neuen Märkten. Der Wettbewerb folgt dem Eigennutz, der Staat entscheidet unbefangen und setzt verallgemeinerungsfähige Regeln. Das Recht des Verfassungsstaates wird möglichst gleichmäßig und transparent zugeteilt, der wettbewerbliche Vertrag in allen Formen des Verhandlungsgeschicks gemehrt. Der Staat handelt grundsätzlich unentgeltlich, der wirtschaftliche Wettbewerb ist auf Entgelt angelegt.[17]

Deswegen belegt auch die Diskussion um einen vermeintlichen „Steuerwettbewerb“, einen „Bildungswettbewerb“ oder „Ansiedlungswettbewerb“, dass uns Grundkategorien der verfassungsrechtlichen Ordnung abhanden gekommen sind. Die Krise lehrt, dass wir wieder den Freiheitsberechtigten seine Freiheit, damit auch Markt und Wettbewerb überlassen müssen, den Staat hingegen auf seine Bindungen in Freiheit und Gleichheit zurückzuführen haben. Bevorzugende Finanzzuweisungen, steuerliche Lenkungen und rechtliche Rettungsschirme zu Lasten anderer sind grundsätzlich nicht erlaubt.

VIII. Das einfache Recht als Bedingung der Freiheit

Der rechtliche Rahmen für ein faires und verantwortliches, Freiheitschance mit Haftung verbindendes Wirtschaftssystem fordert ein einfaches Recht, das jedem Adressaten sagt, was sich gehört. Freiheit lässt sich nur unbeschwert wahrnehmen, wenn die Grenzen des Freiheitsrechts für jedermann ersichtlich sind, sie sich als vertrautes Recht ins Bewusstsein einprägen und die Beteiligten Vertrauen zu diesem rechtlichen Rahmen gewonnen haben.

---

[17] *Paul Kirchhof*, Mittel staatlichen Handelns, in: Josef Isensee/ders. (Hrsg.), Handbuch des Staatsrechts, 3. Auflage, Band V, 2007, § 99, Rn. 85 f.

Das Steuerrecht lehrt, dass dieses Rechtsvertrauen und damit die Rechtsgeltung gefährdet sind. Im Steuerrecht wissen wir nicht mehr, was sich gehört. Während die Menschen in Deutschland grundsätzlich dem Recht in Befolgungsbereitschaft begegnen, bemühen sie gegenüber dem Steuergesetz den Steuerberater mit dem Auftrag, er möge durch Steuergestaltungen die gesetzliche Steuerlast mindern, also mit dem Instrument des zivilrechtlichen Vertrages steuerliche Ungleichheit herstellen. So geht der rechtfertigende Gedanke für die Steuer verloren. Bedeutende Unternehmer, deren wirtschaftlicher Erfolg eine angenehme ökonomische Gestaltung des Lebens erlauben würde, finden sich zu einer Steuerhinterziehung mit erheblichem strafrechtlichem Risiko bereit. Ein Banküberfall mit gleichem strafrechtlichem Sinn würde ihnen niemals in den Sinn kommen. Dieser Befund beunruhigt; er betrifft die Wurzeln des Rechts.

Deswegen müssen wir dem Steuerrecht als eine der wesentlichen Schranken des Privateigentums wieder seine innere Autorität zurückgeben. Wir brauchen ein transparentes, ein einfaches Steuerrecht, das den Unternehmer im Erfolg – bei Einkommen und Umsatz – begleitet. Das Steuerrecht sollte das Existenzminimum jedes Einkommensteuerpflichtigen bis zu 10.000 Euro pro Jahr freistellen, darüber hinaus die kleineren Einkommen durch eine verdeckte Anfangsprogression entlasten, dann das tatsächlich erzielte Einkommen ausnahmslos besteuern, das Steuerbewusstsein durch einen einfachen, verallgemeinerungsfähigen Steuersatz prägen. Das Gesetz sollte vorsehen, dass 25 % des steuerbaren Einkommens dem Staat gehören, 75 % dem Einkommensbezieher.[18] Ein solcher Steuersatz würde – nach Beseitigung aller Ausnahmen, Lenkungs- und Privilegientatbestände – den Staat aufkommensneutral hinreichend ausstatten, den Steuerpflichtigen ein allgemeines, einsichtiges Rechtsbewusstsein geben. Wer diese Regel nicht beachtet, ist kein ehrbarer Kaufmann, kein anständiger Bürger. Die Menschen finden auch beim Finanzamt, dem Ort, an dem der redliche Bürger am ehesten in eine Krise zu seinem Staat gerät, wieder ein klares und einsichtiges Recht vor. Dieses ist Bedingung der Freiheit.

---

[18] *Paul Kirchhof*, Einkommensteuergesetzbuch, Ein Vorschlag zur Reform der Einkommen- und Körperschaftsteuer, 2003.

„Sozial ist, was Bürger zu Eigentümern macht“

Ein Ordnungsrahmen für eine breite Diversifizierung privaten Eigentums

Friedrich Merz

Lassen Sie mich zunächst herzlich Dank sagen für die Initiative der Deutschen Stiftung Eigentum, mitten in diesen Wochen der Bewältigung der Finanzkrise zu einem Symposion über die Eigentumsverfassung einzuladen. Die Stiftung setzt damit gewollt und gezielt einen Kontrapunkt zu der überbordenden Staatstätigkeit der letzten Monate, einer Staatstätigkeit, die von der Mehrheit der Bevölkerung offenkundig so und noch mehr auch gewollt ist.

Das heutige Symposion ist aus meiner Sicht daher eine sehr willkommene Gelegenheit, neben einem Blick zurück auf die Ursachen der anhaltenden Finanzkrise auch einen Blick in die Zukunft zu werfen: Wie sieht unser Land, wie sieht vor allem die Einkommens- und Vermögenssituation der durchschnittlichen privaten Haushalte – sagen wir – in zehn Jahren von heute gerechnet aus?

Bevor ich mich an diese zugegeben gewagte Prognose heranwage, will ich zuvor in der gebotenen Kürze doch den Versuch unternehmen, wenigstens die wesentlichen Ursachen der gegenwärtigen Finanzkrise zu beschreiben. Denn nur wenn wir diese Ursachen zutreffend analysieren, sind wir vor der Wiederholung der Fehler zumindest ein wenig geschützt, und nur dann können wir aus der Krise auch die richtigen Schlussfolgerungen ziehen.

Die Tatsache, dass Banken, Unternehmen und die Staatengemeinschaft in den letzten Jahren Fehler gemacht haben, dass sie Fehleinschätzungen aufgesessen sind und dass die staatliche Aufsicht nicht ausgereicht hat, um diese schwerwiegenden, wir sagen heute: systemischen Risiken zu vermeiden, ist Allgemeingut. Entgegen dem, was heute zum Teil in den Feuilletons und anderswo verbreitet wird, muss ich wohl hinzufügen, dass selbst die überzeugten Liberalen und Befürworter offener und freier Märkte nie der Meinung waren, dass Finanz- und Kapitalmärkte vollkommen ohne Regulierung und Überwachung auskommen sollten. Es gab immer Grenzen und Beschränkungen, und kein ernst zu nehmender Politiker, Wissenschaftler, Banker oder Unternehmer hat je die Forderung aufgestellt, auf jede Marktkontrolle zu verzichten. Die Frage, die sich heute allerdings stellt, ist die: Waren es immer die richtigen und angemessenen Regulierungen? Und mehr denn je stellt sich die Frage: Fand Regulierung denn immer auf der richtigen Ebene statt?

Die weitere Tatsache, dass die Nationalstaaten mit ihrer Gesetzgebung der Entwicklung der globalen Märkte territorial nicht folgen konnten oder – wie im Falle der EU – nicht folgen wollten, ist wohl eines der größten strukturellen Defizite der marktwirtschaftlichen Ordnung. Deshalb hat aber nicht die Marktwirtschaft an sich versagt, obwohl die Krise von zahlreichen ihrer Kritiker nur zu gern zum Anlass genommen wird, gerade dies zu behaupten. Versagt hat die internationale Politik in der Abstimmung von Mindeststandards und einer globalen Finanzarchitektur. Und versagt hat auch, bitte sehen Sie mir nach, wenn ich dies sage, die Europäische Union, die ihrerseits bis heute nicht in der Lage ist, allgemeine und verbindliche Standards für die Beaufsichtigung des Finanzdienstleistungssektors und gemeinsame Maßnahmen zur Bewältigung der Krise zu etablieren. Wir haben bis heute keine europäische Bankenaufsicht, wir haben bis heute keine einheitliche europäische Finanzpolitik, und wir haben bis heute keine europäische Rating-Agentur mit einer zugrunde liegenden, europäischen Antwort auf die bisher weitgehend amerikanisch dominierten Finanzmarktregeln. So rächt sich heute eben die Tatsache, dass die Erweiterung der EU, auch der Währungsunion, vor ihrer Vertiefung stattgefunden hat, obwohl bei der Einführung des Euro das Gegenteil zugesagt worden war.

Alle Versuche, eine bessere Regulierung, was nicht zwangsläufig immer mehr Regulierung bedeuten muss, auf der Ebene der G 20, der OECD und vor allem der EU zu erreichen, sind deshalb ohne Zweifel Teil der richtigen Antworten.

Aber eine bessere internationale Regulierung ist eben nur ein Teil der Antwort. Die Ursachen der Krise reichen nach meiner Einschätzung weiter zurück und auch weit zurück hinter die gesamten Regulierungsfragen, und es gibt eine Parallele mit allen bisherigen Finanzkrisen: Wie allen Finanz- und Wirtschaftskrisen ist auch der gegenwärtigen Krise eine expansive Kreditvergabe, sei es durch einzelne Staaten oder Staatengemeinschaften, oder sei es – wie im gegenwärtigen Szenario – durch die amerikanischen Hypothekenbanken vorausgegangen. Die Kombination aus parteipolitisch motivierten Wahlversprechen (Jimmy Carter im Wahlkampf 1976/77) und der ebenfalls politisch gewollten Versorgung der Kapitalmärkte mit billigem Geld, die vor allem mit dem Namen Alan Greenspan verbunden bleibt, hat den massenhaften Erwerb von privaten Häusern ohne Eigenkapital überhaupt erst ermöglicht.

In dem Moment, in dem die Kreditportfolios der Hypothekenbanken außerhalb der Bankbilanzen handelbar wurden, war der Teufelskreis in Gang gesetzt, dessen Folgen uns heute so in Atem halten. Dieser Ursachenzusammenhang wird in der Politik nicht gern diskutiert, denn er würde ja die immer wiederholte Forderung an die Banker, sie sollten sich für ihr Fehlverhalten endlich entschuldigen, ebenso in Frage stellen wie die vor allem von der politischen Linken so gern vorgetragene Forderung, die Zentralbanken müssten nur die Zinsen noch weiter senken und weniger auf die Geldwertstabilität als auf die Arbeitsmarktlage achten, um die Beschäftigungsprobleme zu lösen. Gerade die Geldpolitik hat aber doch ganz wesentlich zur Entstehung der Krise beigetragen. Erst mit der Geldpolitik der Notenbanken, vor allem durch die Geldpolitik der amerikanischen Notenbank, war der politisch gewollte, in erheblichem Umfang schuldenfinanzierte Konsum der US-Bürger möglich.

Verstehen Sie mich bitte mit meiner wiederholt vorgetragenen Kritik an den USA richtig. Ich mag dieses Land sehr, ich bin den USA auch dadurch eng verbunden, daß ich Partner einer der großen amerikanischen Anwaltskanzleien bin. Aber wir Europäer haben zugleich seit Jahren allen Grund, die Amerikaner auf das Problem ihres gigantischen Leistungsbilanzdefizits hinzuweisen. Heute käme wohl kein amerikanischer Finanzminister mehr auf den Gedanken, den Europäer lapidar zuzurufen „The Dollar is our currency and your problem“. Die Krise, die von den USA ausgegangen ist, ist unser aller Problem und muss deshalb auch von uns allen gelöst werden.

Niedrige, ich meine: zu niedrige Zinsen, und hohe Schulden sind aber nicht nur ein amerikanisches Problem. Erst mit niedrigen Zinsen ließ sich in zahlreichen Ländern Europas, auch in Deutschland, die kreditfinanzierte staatliche Sozialpolitik realisieren, die uns auch ohne Finanzkrise zunehmend Probleme in den öffentlichen Haushalten bereitet. Die Verschuldung der privaten Haushalte in den USA zugunsten des Konsums ist nicht besser als die Verschuldung der öffentlichen Haushalte in zahlreichen Ländern Europas zugunsten einer aus dem Sozialprodukt heraus nicht mehr finanzierbaren Sozialpolitik.

Und jetzt kommen die Finanzkrise und eine geradezu atemberaubende zusätzliche Verschuldung der öffentlichen Haushalte noch hinzu. Es könnte sein, dass sich an der Schnittstelle zwischen Währungspolitik und Wirtschaftspolitik ein größerer politischer Konflikt in der EU und insbesondere innerhalb der Währungsunion in dem Augenblick ergibt, in dem die exorbitante Ausweitung der Geldmenge, wie wir sie seit rund sechs Monaten erleben, aus Gründen der Geldwertstabilität eigentlich wieder zurückgeführt werden müsste. Die Frage wird sein, wie groß dann der Druck der Politik auf die Notenbanken sein wird, wenn die Politik zum Abbau der hohen Staatsverschuldung höhere Inflationsraten billigend in Kauf zu nehmen bereit wäre, die Notenbanken, sofern sie dann immer noch auf das Ziel der Geldwertstabilität verpflichtet sind, aber genau dies nicht akzeptieren können.

Sie werden fragen, ob ich mich mit diesen Gedanken nicht etwas zu weit vom Thema meines Vortrages entfernt habe. Ich würde, wenn Sie mir diesen

Vorhalt machen, darauf antworten: Nein, denn die wichtigste Voraussetzung für die Entstehung privaten Eigentums ist und bleibt die Stabilität unserer Währung. Der Bundesfinanzminister hatte offenkundig Anlass, auf das Inflationspotenzial der gegenwärtigen Finanzpolitik hinzuweisen. Es wäre aus meiner Sicht insgesamt gut und notwendig, wenn vor allem die Staats- und Regierungschefs der EU trotz aller notwendigen schnellen Maßnahmen zur Eindämmung der Krise keinen Zweifel daran lassen, dass sie alles tun werden, um die rasant steigende Verschuldung der öffentlichen Haushalte durch Konsolidierung und nicht durch die Hinnahme von höheren Inflationsraten wieder in den Griff zu bekommen beabsichtigen. Währungsstabilität ist in der langen Frist die beste Sozialpolitik. Und daraus ist auch der Umkehrschluss erlaubt, der von Norbert Blüm stammt. Ich teile längst nicht alles, was Norbert Blüm sagt, aber in diesem Punkt hat er vollkommen recht: Inflation ist der Taschendieb des kleinen Mannes!

Stabiles Geld ist eine notwendige, aber noch keine ausreichende Voraussetzung für die Stärkung privaten Eigentums. Wenn wir das private Eigentum stärken wollen, müssen die Rahmenbedingungen dafür insgesamt besser werden; wir müssen uns aber auch fragen: Welches spezielle Eigentum wollen wir denn stärken? Am nächsten liegt wohl das private Eigentum an Haus und Grund. Trotz jahrzehntelanger Eigenheimförderung ist der Anteil der privaten Haushalte, die in der eigenen Immobilie wohnen, in Deutschland nach wie vor kleiner als in Ländern wie zum Beispiel Großbritannien oder die Niederlande, die diese Form der Eigenheimförderung nie gekannt haben. Der deutsche Gesetzgeber sollte daher unter keinen Umständen zu der Subvention des Eigenheimbaus zurückkehren, die erst vor wenigen Jahren abgeschafft wurde. Die deutliche Absenkung der technischen Standards würde viel eher zu einer höheren Eigenheimdichte führen. Wir müssen in Deutschland nicht für die Ewigkeit bauen, für zwei Generationen reicht auch.

Wichtiger als das eigene Heim scheint mir eine verlässliche Altersversorgung zu sein. Das Bundesverfassungsgericht hat die Rentenanwartschaften unter den Schutz des Eigentumsartikels unseres Grundgesetzes gestellt. Die Frage wird sein, welchen Wert dieser Schutz wirklich hat, wenn das Rentenniveau durch Demografie und unstete Beschäftigungsverhältnisse beständig weiter und für größer werdende Teile der älteren Bevölkerung unter das Sozialhilfeniveau absinkt. Wie immer diese Entwicklung verläuft: Ganz sicher und unvermeidlich ist es, dass größere Teile der Bevölkerung frühzeitig beginnen müssen, eine zusätzliche kapitalgedeckte Altersversorgung anzusparen. Die umlagefinanzierte Rente, die kapitalgedeckte betriebliche Altersversorgung und eine ebenfalls kapitalgedeckte private Altersversorgung müssten ungefähr drei gleich starke Säulen der Altersversorgung sein. Und wer an dieser Stelle meint anmerken zu müssen, der Zusammenbruch der Lehman-Bank und die Finanzkrise hätten doch gezeigt, dass auf den Kapitalmarkt kein Verlass und er für die Alterversorgung schon ganz und gar ungeeignet sei, dem halte ich entgegen: Kapitalmärkte wird es immer geben, jedenfalls so lange es die Marktwirtschaft gibt, und über die Kapitalmärkte wird auch in Zukunft Vermögen entstehen. Wenn diese Vermögensbildung nicht zuletzt aus Mangel an Vertrauen in die Kapitalmärkte, insbesondere in die Aktie, nur in der Hand einiger weniger entsteht und die kleinen Renten, Pensionen und Ersparnisse durch Inflationsraten geschmälert werden, dann entstünden *nach* der Krise größere Verwerfungen in der Vermögensverteilung innerhalb der Bevölkerung als *durch* die Krise.

Die Eigentums- und Vermögensfrage und damit nicht zuletzt die Gerechtigkeitsfrage in den entwickelten Industrienationen entscheidet sich last but not least an der Beteiligung der Arbeitnehmer am wirtschaftlichen Erfolg der Unternehmen, in denen sie arbeiten. Ich brauche an dieser Stelle und in diesem Kreis hoffentlich nicht besonders zu betonen, dass die Gewährung von hohen Abfindungen und Boni an gescheiterte Manager vollkommen inakzeptabel ist. Das Verhalten der früheren Investmentbanker der Dresdner Bank, die nach hohen Verlusten der Bank jetzt noch mit hohen Abfindungen in den Ruhestand gehen und zum Teil noch versuchen, der Besteuerung dieser Abfindungen zu entgehen, indem sie ihren Wohnsitz nach Zypern oder sonst wohin verlegen, kann man nur noch als parasitär bezeichnen.

Aber leider werden in diese zumeist allgemein gehaltene Kritik an „den Managern“ oder „den Bankern“ auch gleich alle Manager und Unternehmer mit einbezogen, die – und das ist die übergroße Mehrheit – auch in schwierigen Zeiten eine exzellent gute Arbeit machen. Ich will es so ausdrücken: Wir haben in Deutschland nach meinem Empfinden mit die besten Unternehmer und die besten Facharbeiter der Welt. Wenn das aber so bleiben soll, dann müssen Unternehmer und Unternehmen den größeren Teil ihres wirtschaftlichen Erfolgs auch für sich beanspruchen dürfen und die Beschäftigten, die durch ihre Arbeit diesen Erfolg auch möglich gemacht haben, daran besser als bisher beteiligt werden. Wie bei den Führungskräften sollten alle Beschäftigten Vergütungsbestandteile erhalten, die sich am individuellen oder betrieblichen Erfolg ausrichten. Das sind übrigens keine Boni, sondern variable Vergütungsbestandteile, die sich am Erfolg orientieren. Betrieblichen Vereinbarungen sollte dabei immer Vorrang eingeräumt werden vor tariflichen oder gar gesetzlichen Regelungen.

Noch wichtiger als Eigenheim, Altersversorgung und Erfolgsbeteiligung dürfte aber – mir gefällt der Ausdruck nicht, aber so heißt das nun einmal – das „Humankapital“ der Zukunft sein. Vielleicht kann man das auch anders und ganz einfach sagen: Gerade in Deutschland wird der Wohlstand und das Niveau sozialer Gerechtigkeit in Zukunft noch mehr und ganz entscheidend von der Qualität der Bildung abhängen, die wir unseren Kindern und Enkeln in den nächsten Jahren vermitteln können.

Wenn wir ehrlich miteinander sind, sind die Ziele einer erstklassigen Bildung trotz Pisa und aller Diskussionen und Maßnahmen, die den Untersuchungen gefolgt sind, bisher nicht erreicht. Der groß angekündigten bildungspolitischen Initiative der Bundesregierung ist nichts gefolgt. Es konnte auch nichts folgen, da die Zuständigkeit für die Bildungspolitik wenige Wochen vor den schönen Fernsehbildern in der Föderalismusreform I gerade ausschließlich den Ländern zugeordnet worden war. Nun will ich schon aus Zeitgründen an dieser Stelle keinen Ausflug in die Bildungspolitik unternehmen. Nur eines sei mir gestattet, zur Bildungspolitik zu sagen: Es wird vollkommen unmöglich sein, die formulierten Ansprüche an die Bildungspolitik allein aus staatlichen Kassen zu finanzieren, egal welche Kassen dazu nach der Kompetenzordnung des Grundgesetzes bestimmt sind. Wer das heute immer noch oder schon wieder behauptet, leistet der Zweiklassengesellschaft in der Bildung weiter und neuen Vorschub. Wir benötigen – mit und ohne Finanzkrise – zusätzliches privates Kapital für die Bildungseinrichtungen. Die Tatsache, dass auch die privaten Fonds der großen amerikanischen Universitäten Geld in der Krise verloren haben und möglicherweise weiter verlieren, ist kein Beweis dafür, dass das Modell privater Finanzierung von Bildungseinrichtungen gescheitert ist. Harvard, Princeton, Yale und Stanford, auch Oxford, die Sorbonne und die Bucerius Law School, um nur wenige Beispiele zu nennen, verfügen auch nach der Krise über mehr Substanz und Qualität als die überwiegende Zahl der staatlich finanzierten Universitäten in unserem Land.

Über allem aber steht, dass immer nur das verteilt werden kann, was vorher erwirtschaftet wurde. Wenn Sie diesen Satz für banal halten, dann müssen wir wohl noch einmal vertiefend über die Finanzkrise und ihre Ursachen diskutieren. Denn die Verschuldungsraten erst der privaten Haushalte und dann der Banken, waren und sind die Katalysatoren der Krise. Zu hohe Schulden haben auch eine gesellschaftspolitische Implikation. Der frühere schwedische Ministerpräsident Göran Persson hat es einmal so ausgedrückt: „Wer Schulden hat, ist nicht frei!“ Das gilt für Staaten, Unternehmen und private Haushalte. Unternehmen mit hoher Schuldenlast und niedrigem Eigenkapital sind auch viel anfälliger in der Krise als Unternehmen mit hohem Eigenkapital. Ganz ohne zusätzliche staatliche Regulierung scheitert ganz nebenbei an diesem simplen Befund in diesen Wochen und Monaten das Geschäftsmodell zahlreicher Hedgefonds und ihrer Kapitalgeber!

Die exorbitante Schuldenaufnahme der Staatshaushalte könnte auch schon die Ursache für die nächste Krise sein, die ganze Staaten in ihrer Existenz in Frage stellt. Selbst die lautstärksten Anhänger einer nachfrageorientierten und kreditfinanzierten Wirtschaftspolitik bestreiten ja nicht, dass staatliche Haushalte in guten Zeiten auch irgendwann wieder ausgeglichen werden müssen. Diese Protagonisten verschweigen nur immer wieder, dass die Staaten dies in der Regel nicht geschafft haben. Wenn es eine Zivilisationskrankheit der Marktwirtschaft gibt, dann ist es die pathologische Annahme, mit Krediten alles finanzieren und mit Schnäppchen jede Anschaffung ermöglichen zu können. Deshalb ist aus meiner Sicht die beste Antwort auf die Krise, jetzt die Soziale Marktwirtschaft nicht zu schwächen, sondern in ihren Kernfähigkeiten zu stärken. Wir dürfen dabei nicht zuerst und vorrangig über Markt und Kapital reden. Die marktwirtschaftliche Ordnung ist, so wie sie die Väter der Sozialen Marktwirtschaft gedacht, konzipiert und umgesetzt haben, zuallererst eine gesellschaftspolitische Ordnung. Sie haben in der auf privatem Kapitaleinsatz beruhenden Marktwirtschaft die Ordnung gesehen, die dem menschlichen Streben nach Gewinn und Selbstverwirklichung am nächsten kommt und die zugleich durch Regeln das Gewinnstreben in den Dienst der Allgemeinheit stellt. Es ging ihnen nicht allein um Kapital und freie Märkte, es ging ihnen zugleich und noch mehr um Freiheit und Verantwortung. Darin liegt bis heute die moralische Überlegenheit der Marktwirtschaft gegenüber jedem Zentralverwaltungssystem, das zuerst den Menschen entmündigt und dann dem Ein-Parteien-Staat ein umfassendes ökonomisches und politisches Monopol zuordnet. Diesem im Ergebnis zwangsläufig totalitären Staat entspricht auf Seiten der Gesellschaft nicht mehr der in Freiheit lebende Bürger, sondern der von staatlichen Transferzahlungen auf Dauer abhängige Leistungsempfänger.

Unser Staatsverständnis und das Eigentum in privater Hand, unsere Gesellschaftsordnung und der Grad der Freiheit der Bürger stehen eben in einem inneren Zusammenhang zueinander. Aber in der Finanzkrise stehen sie auch erneut vor einer großen Bewährungsprobe. Die Regeln der marktwirtschaftlichen Ordnung werden sich nur dann auch in Zukunft bewähren, wenn wir konsequent die Fehlentwicklungen der letzten Jahre korrigieren. Vor allem das Konsum- und Anspruchsverhalten großer Teile der Bevölkerung bedarf dringend der Korrektur. Diese Korrektur muss jetzt, auch und gerade mitten in der Krise, damit eingeleitet werden, dass trotz aller Konjunkturprogramme, die ja allesamt von den Steuerzahlern mit Zins und Zinseszins bezahlt werden müssen, auch klar gesagt wird, was nicht geht. Und eine solche Korrektur ist nur möglich, wenn dem Wert langfristiger Ersparnisse und langfristig orientierter Vermögensbildung ein höherer Rang eingeräumt wird als dem kurzfristig orientierten Konsum. Das aber ist eine Aufgabe, die weit über die Wirtschafts- und Finanzpolitik hinausreicht und die eines neuen gesellschaftspolitischen Konsenses bedarf, eines Konsenses übrigens, der von den Leistungseliten in den Unternehmen durch Zurückhaltung und Augenmaß in eigener Sache überhaupt erst möglich wird.

Und so verstehe ich auch die in jeder Hinsicht begrüßenswerte Initiative der Stiftung Eigentum zu unserer heutigen Begegnung und Diskussion: Selbst wenn im Augenblick ein gewisser staatlicher Furor für die irrige Annahme sorgt, dass jetzt ein neues Zeitalter der Regulierung und der Intervention anbricht, wenn auch der Eindruck vermittelt wird, dass wir es uns alle bequem einrichten können in einem Leben mit weniger Markt und weniger Wettbewerb, nach der Krise werden die Länder und die Gesellschaften besser dastehen, die gerade in schwierigen Zeiten den Mut aufbringen, privates Eigentum zu schützen und zu fördern, Eigenverantwortung in Anspruch zu nehmen, die Menschen in ihren sehr unterschiedlichen Fähigkeiten zu fordern und zugleich den Sozialstaat auf die Zuständigkeiten und Aufgaben zu beschränken, die auch denen ein menscheswürdiges Leben ermöglichen, die in Not geraten sind.

Das war übrigens das Erfolgsrezept der marktwirtschaftlichen Ordnung, das unser Land so wohlhabend gemacht und den deutschen Sozialstaat überhaupt erst ermöglicht hat, selbst wenn dieses Konzept heute von vielen Surfern des Zeitgeistes, leider auch von dem einen oder anderen in meiner Partei, zum Wohlgefallen des Publikums mit dem Adjektiv „neoliberal" belegt wird. Dies geschieht erkennbar in der Absicht, die Marktwirtschaft mit diesem Begriff – in Unkenntnis oder gar in Kenntnis seiner Herkunft – zu diskreditieren. Es liegt ausschließlich an den überzeugten Anhängern der Marktwirtschaft selbst, ob sie erst die begriffliche Verwirrung und dann die Beschädigung der Marktwirtschaft zulassen wollen. Ich hoffe, dass es genug aktive Staatsbürger in unserem Land gibt, die sich frühzeitig genug gegen die neuen Zumutungen eines sich wieder selbst überschätzenden Staates zur Wehr setzen. Und wenn es genug Menschen mit dieser Überzeugung gibt, dann liegt – wie immer – auch in dieser Krise zugleich eine große Chance.

Die Kategorie Eigentum in der ökonomischen Theorie: Verfügungsrechte, Vertragsfreiheit und Haftung

Michael Hüther

I. Herausforderungen durch die Weltfinanzkrise

Es gibt Aspekte des Ökonomischen, die in der Ökonomik im Normalfall keine vorderen Plätze auf der Aufmerksamkeitsskala erreichen, weil sie entweder an der Grenzstelle zu anderen Disziplinen bedeutsam sind oder weil sie so selbstverständlich erscheinen, dass sie – zumal in gewöhnlichen Zeiten – einer besonderen Beachtung nicht bedürfen. Nun, wir leben nicht in gewöhnlichen Zeiten. Das zeigt sich auch daran, dass wir über scheinbar Selbstverständliches und Grundlegendes intensive Diskussion zu führen haben: Die Kategorien Eigentum und Vertrauen stehen dafür. Ihre Bedeutung erschließt sich für viele erst in dem Augenblick, in dem sie in Zweifel gezogen werden oder ein elementarer Mangel für jeden offenbar wird. Die Finanz- und Wirtschaftskrise ist zuerst und zuletzt eine Krise des Vertrauens in Institutionen, Akteure und Regelwerke. In zwei Kontexten spielen Eigentum und Vertrauen dabei eine herausgehobene Rolle.

Zum einen: Ganz am Beginn dieser Weltkrise stand die Vergabe von Hypothekarkrediten in den Vereinigten Staaten, die kein nachhaltiges Eigentum an Immobilien zu schaffen vermochten. Dabei handelte es sich oft genug um fragwürdige Makler oder gar Drückerkolonnen, die mit Verweis auf den Immobilienboom günstige Hypotheken ohne Eigenmittelanforderung vertickten. Der Skandal bestand hierbei nicht in der Vergabe von Hypotheken an schlechte Risiken. Denn angesichts einer Wohneigentumsquote von fast 70 Prozent (in Deutschland rund 45 Prozent) und einem nicht wie bei uns funktionierenden Mietmarkt für Wohnungen, kann häufig nur auf diese Weise solchen Haushalten Wohnraum offeriert werden. Das ist solange in Ordnung, wie die dafür geforderten Konditionen das Ausfallrisiko der Kredite angemessen spiegeln. Angesichts der Erwartung weiter stark steigender Immobilienpreise wurden jedoch die Ausfallrisiken unterschätzt und die Risikoprämien zu knapp kalkuliert. Der Häuserpreisboom selbst resultierte aus einer gezielt expansiven Geldpolitik der Fed in einem Markt, der durch politisch subventionierte Nachfrage bei politisch beschränktem Angebot gekennzeichnet war. Denn der bereits unter Präsident Carter 1977 eingeführte und unter

Präsident Clinton verschärfte „Community Reinvestment Act" hielt Banken und Sparkassen dazu an, vergünstigte Kredite bevorzugt in ihren „local communities" und zugunsten der „economically disadvantaged" verfügbar zu machen. Gleichzeitig sorgte die Politik dafür, dass das Angebot an Immobilien durch „land-use regulations" in vielen „local communities" knapp blieb. Als die Immobilienpreise fielen erwies sich für viele das Wohneigentum als Schimäre, nachhaltige Verfügungsrechte waren damit ganz offenbar nicht verbunden. Auf einem solchen Grund kann die Marktwirtschaft nicht gedeihen. Man kann es sehr zugespitzt so formulieren: Eine Politik, die ohne Rücksicht auf die ökonomische Ratio den Versuch unternimmt, Arbeit, Einkommen oder Wohlstand durch staatliche Interventionen zu schaffen, führt früher oder später zu einem Scheitern, das die in der Ausgangssituation realisierten Niveaus an Beschäftigung oder Einkommen gefährdet. Das gilt gleichermaßen für staatliche Beschäftigungsprogramme wie für eine Vermögensbildung, die sich auf staatlich verengten Märkten vollzieht.

Zum anderen: Die Krise des Finanzsystems hat nach der Insolvenz der Investmentbank Lehman am 15.9.2008 eine Dimension erreicht, die die Bundesregierung zu gesetzlichen Maßnahmen anregt hat, die im Lichte unserer Wirtschaftsordnung zuvor ziemlich undenkbar schienen: die gezielte Enteignung als individueller Preis für die kollektive Vermeidung einer Insolvenz. Zwar kennt unser Rechtssystem die Enteignung als Vorgang staatlicher Güterbeschaffung auf Grundlage des Art. 14 Abs. 3 GG, wenn mit dem Eigentum ein konkretes öffentliches Vorhaben durchgeführt werden soll. Dennoch hat der Fall Hypo Real Estate (HRE) Aufsehen erregt und grundlegende Fragen aufgeworfen. Der Eindruck, unter der Krise könnten Eckpfeiler unserer Ordnung dauerhaft verrückt werden, begründet diese Sensibilität. Zugleich gilt: Dilemmata machen es einfachen Wahrheiten schwer. Die staatliche Rettung der HRE konstituiert zusammen mit der international gegebenen Zusage der Bundesregierung, systemrelevante Banken nicht in die Insolvenz gehen zu lassen, eine Zwickmühle. Nun stehen sich Eigentümerrechte der Aktionäre und Gläubigeransprüche der Steuerzahler gegenüber. Die Geschäftsführung ist im Grundsatz den Aktionären verpflichtet. Im Fall der Insolvenz wird dieser Grundsatz durchbrochen und die Gläubiger erhalten aufgewertete Verwaltungsrechte. Um eine Insolvenz zu verhindern, ist der Staat gefordert. Er ist mangels anderweitiger Optionen zum größten Gläubiger der HRE geworden. Gleichzeitig hat der fallende Wert der Aktien das Vermögen der Aktionäre geschmälert.

In einer solchen Konstellation gibt es Anreize für eine Ausbeutungsstrategie seitens der jetzigen Eigentümer. Diese können angesichts der erreichten Aktienkurse nicht mehr viel verlieren, wohl aber haben sie die Aussicht auf staatlich verbürgten Gewinn. Ihre Verhandlungsposition ist infolge der expliziten Staatsgarantie stark. So kann die Orientierung der Geschäftsführung an den Aktionärsinteressen dazu führen, dass eine zu riskante Strategie gefahren wird. Mit einem solchen „gambling for resurrection“ werden die Gläubiger in ihren Ansprüchen bedroht. Würde der Staat – im Gedankenexperiment – nicht eingreifen, so wäre angesichts der negativen Bewertung der HRE durch den Markt die Insolvenz unvermeidbar. Ein Eingriff des Staates in die Rechte und Ansprüche der Eigentümer wäre insofern immer noch fair, wenn er diese nicht schlechter stellte als im Insolvenzfall. Ob das aber zwingend eine Enteignung erfordert, erscheint zweifelhaft. Zunächst fällt in der Rückschau auf, wie schnell und selbstverständlich in der Regierung über Enteignung gesprochen wurde, erkennbare Alternativen ausgeschlossen und Verhandlungen mit den Aktionären schon im Vorhinein als aussichtslos bewertet wurden.

Das Kreditwesengesetz eröffnet mit §§ 35, 36, 46 und 46a der Bundesanstalt für Finanzdienstleistungsaufsicht (BaFin) Eingriffsmöglichkeiten, die das von der Bundesregierung formulierte Ziel, die volle unternehmerische Verantwortung zu erlangen, erreichen lassen. Die BaFin ist den Weisungen des Bundesfinanzministeriums unterworfen. Zur Abwehr von Gefahren für die Erfüllung der Verpflichtungen gegenüber den Gläubigern einer Bank kann die BaFin Organbefugnisse an Sonderbeauftragte übertragen, die Geschäftsführung ganz oder teilweise ersetzen und Aufsichtspersonen entsenden. Sonderbeauftragte haben durchaus das Mandat, die Interessen der Gläubiger auch gegen den Willen der Aktionäre durchzusetzen. Der normale Geschäftsbetrieb soll weiter betrieben werden. Die Orientierung der Geschäftsführung an den Interessen der Aktionäre jedoch wird solange durchbrochen, bis der Markt das Institut und sein Geschäftsmodell wieder als zukunftsfähig einschätzt, bis also die Refinanzierung durch Private wieder möglich wird. Die Vermögensinteressen der Aktionäre bleiben im Grundsatz erhalten, die Gläubigerposition der Steuerzahler wird beachtet.

Es mag Argumente gegen die Anwendung dieser Paragraphen geben, weil die Rechte der Sonderbeauftragten nur grob skizziert sind und weil Fehlverhalten in der Vergangenheit adressiert wird, während es jetzt um Vermeidung künftigen Fehlverhaltens geht. Doch bevor der Schritt zur Enteignung getan wird, muss verantwortliche Politik jede Alternative ernsthaft prüfen. Denn wir legen Hand an ein Rechtsinstitut an, dass von elementarer Bedeutung für unsere Wirtschaftsordnung ist. Wer hier nachlässig agiert, der provoziert das Risiko langfristiger Funktionsschäden durch tiefgehende Vertrauenszweifel. So würde auf aberwitzige Weise die Vertrauenskrise sich selbst nähren. Der Preis, der für eine Sonderenteignung ohne angemessene Würdigung von Alternativen zu zahlen wäre, überfordert die ohnehin schon stark geschwächten Immunkräfte marktwirtschaftlichen Vertrauenskapitals.

Der damit angesprochene Zusammenhang von Eigentum und Marktwirtschaft muss jedoch bemüht sowie aus dem Selbstverständlichen der Ökonomik herausgefiltert und gehoben werden. Denn die ökonomische Theorie hat den Begriff des Eigentums lange Zeit nicht explizit behandelt, sondern allenfalls voraussetzend mitgeführt. So schreibt Harold Demsetz in seinem Beitrag „Property Rights" im The New Palgrave Dictionary of Economics and the Law (1998, Sp. 144a): "What has mainstream economics been doing for 200 years if it has not been studying capitalism? From Adam Smith and David Ricardo to Alfred Marshal and Léon Walras, economists directed their efforts toward understanding micro and macro operations of the price system. The property rights systems, however, is only implicitly involved in the theory that emerged. This theory ... takes property rights foundation of capitalism for granted. It does not investigate the role of property rights arrangements." Das Selbstverständliche blieb selbstverständlich unreflektiert.

II. Eigentum in der Ordnungsökonomik und in der Institutionenökonomik

Eine systematische Einbindung erfuhr die Kategorie Privateigentum durch Walter Eucken als viertes konstituierendes Prinzip der Wettbewerbsordnung (Grundsätze der Wirtschaftspolitik, 1952). Freilich hat dies dort nicht zu einer tiefen Auseinandersetzung mit der Vielschichtigkeit dieser Kategorie – beispielsweise durch eine Differenzierung von Eigentum und Besitz – geführt, die Perspektive war eine andere. Eucken, der Mitte vergangenen Jahrhunderts die Grundzüge der Ordnungsökonomik formulierte, erkannte das „Problem der wirtschaftlichen Macht" als die Kehrseite des Strebens nach Freiheit (Das Problem der wirtschaftlichen Macht, 1950). Macht kann sich gleichermaßen in der Überdehnung eigener wie in der Ignoranz fremder Eigentumsrechte äußern. Macht – private wie staatliche – gilt es deshalb zu begrenzen. Dazu imstande ist allein, wie Eucken betonte, eine Wettbewerbsordnung. Deren Kern ist ein funktionsfähiges Preissystem – als konstituierendes Grundprinzip der Wettbewerbsordnung. Der Preismechanismus zeigt die relativen Knappheiten an, er lenkt die Ressourcen in ihre jeweils besten Verwendungsrichtungen, er treibt an zu Effizienz und Innovation. Er ist sachlich und privilegienfrei, er honoriert allein die Leistung. Aus diesem übergeordneten Grundsatz leiten sich weitere konstituierende Ordnungsprinzipien stimmig ab.

Das Privateigentum stellte Eucken strikt in den Kontext des Wettbewerbs. Nur so könne die Verfügungsmacht und die Verfügungsfreiheit des Eigentümers nicht gegen die Gemeinschaft gewendet werden. Dies bedeutet, dass bei unzureichender, also erfolgloser unternehmerischer Disposition hinsichtlich Produktpolitik und Produktionsweise dem Eigentümer durch den „Mechanismus der vollständigen Konkurrenz unerbittlich seine Verfügungsrechte über die Produktionsmittel entzogen" werden (Grundsätze der Wirtschaftspolitik, 1952, 274). Zugleich – und ebenso bedeutsam für Eucken – impliziert

Privateigentum bei vollständiger Konkurrenz Ohnmacht, die Verfügungsmacht und Freiheit der anderen Eigentümer zu Lasten der Allgemeinheit einzuschränken. Ökonomische Macht ist dann im Gleichgewicht austariert. So wird die Funktionsbedeutung der Institution Eigentum erst gesichert, wenn die Wirtschaftssubjekte die Eigentumsrechte der jeweils anderen Akteure anerkennen, Eigentumsrechte also Eigentumspflichten begründen. Eucken leitet die Sozialverpflichtung des Privateigentums aus der bedingenden Wirtschaftsordnung, genauer aus dem Grad des Wettbewerbs ab. Unsozial wirkt das Privateigentum danach, wenn es nicht unter Wettbewerbsbedingungen vollständiger Konkurrenz steht, also ökonomische Macht nicht effektiv bestritten werden kann. In den Worten Euckens: „Wie also Privateigentum an Produktionsmitteln eine Voraussetzung der Wettbewerbsordnung ist, so ist die Wettbewerbsordnung eine Voraussetzung dafür, dass das Privateigentum an Produktionsmitteln nicht zu wirtschaftlichen und sozialen Missständen führt.“ Damit wird der für Eucken so herausragende Aspekt der Interdependenz der Ordnungen sichtbar. Diese ordnungstheoretische Perspektive ist zugleich enger und weiter als die spätere Diskussion der Property-Rights-Theorie; enger bezüglich der Analyse des Eigentumsbegriffs, der nicht näher betrachtet wird, und weiter bezüglich der Wirkungsvoraussetzung einer tragfähigen Eigentumsordnung.

Walter Eucken betont, dass die konstituierenden Prinzipien nur durch gemeinsame Anwendung und Gültigkeit zu jener gewünschten Wettbewerbsordnung führen, die dem Gedanken der Freiheit folgt. Dennoch verweisen die insgesamt acht Prinzipien auf verschiedene Zusammenhänge. So sichern das Primat der Währungspolitik über eine Stabilisierung des Geldwertes und die Offenheit der Märkte über eine Verhinderung des Ausschlusses von Akteuren makroökonomisch die Funktionsfähigkeit des Preismechanismus ab, während der Grundsatz des Privateigentums erst im Konnex mit dem der Vertragsfreiheit sowie dem der Haftung mikroökonomisch dafür die Voraussetzungen schafft. Die Konstanz der Wirtschaftspolitik soll unbillige Störungen vermeiden.

Damit ist das enge Geflecht von Eigentumsrechten, Vertragsfreiheit und Haftung konstruiert. Alle drei Kategorien greifen ineinander und zähmen sich so auf notwendige Weise gegenseitig. Die Vertragsfreiheit ist „unentbehrlich“, weil sie den Wettbewerb ermöglicht; sie ist zugleich gefährlich, wenn sie zur Behinderung des Wettbewerbs durch Ausschluss anderer (Ausübung wirtschaftlicher Macht), zur Negierung von Haftung (Machtmissbrauch) oder zur „Bildung wirtschaftlicher Machtkörper“ genutzt wird. Privateigentum und unbeschränkte Vertragsfreiheit wären dann unproduktiv und unsozial. Eine wichtige Einhegung erfahren beide Kategorien durch den Grundsatz der Haftung. Als sichere Erwartungsgröße wirkt Haftung prophylaktisch im Sinne einer vorsichtigen Kapitaldisposition und es dämpft den Prozess der wirtschaftlichen Konzentration, wenn nicht Möglichkeiten der Haftungsbeschränkungen oder gar des Haftungsausschlusses eröffnet werden. Konzentrationsprozesse im Unternehmensbereich erleichtern nicht nur Machtbildung und Machtmissbrauch, sie befördern auch Regeln des partiellen Haftungsausschlusses. Indes: „Jede Beschränkung der Haftung", so Eucken, „löst eine Tendenz zur Zentralverwaltungswirtschaft aus".

Diese Skizze der idealtypischen Verknüpfung von Eigentum, Vertragsfreiheit und Haftung wurde von Walter Eucken mit Blick auf die realen Bedingungen des wirtschaftlichen Lebens um regulierende Prinzipien ergänzt. So adressiert er mit dem Monopolproblem und der zur Korrektur notwendigen Wettbewerbspolitik Maßnahmen, die in die Verfügungsrechte und die Vertragsfreiheit eingreifen, um deren positive Funktionalität – durch die Wettbewerbsordnung – zu sichern. Das gilt ebenso für negative externe Effekte des individuellen Handelns, die bei Nichtberücksichtung einem Haftungsausschluss gleichkommen und die Verfügungsrechte anderer Eigentümer in der Wirtschaftsordnung schmälern. Schließlich verkennt Eucken nicht die Bedeutung einer Mindestumverteilung der Markteinkommen, die er durch eine progressive Einkommensbesteuerung erreichen will. Auch hiermit wird ein Eingriff in das Privateigentum zugelassen.

So entwickelt Walter Eucken zwar keine Eigentumstheorie und lässt damit viele bedeutsame Fragen offen, wohl aber bietet er eine konsistente ordnungstheoretische Einbettung der Kategorie Eigentum. Das führt zu beachtlichen Relativierungen: Privateigentum erfordert zu seiner positiven Bewertung ein wettbewerbsintensives Umfeld, eine wettbewerbsförderliche Nutzung der Vertragsfreiheit und eine uneingeschränkte Haftung der verantwortlichen Akteure. Eingriffe in die Verfügungsrechte und die Vertragsfreiheit sind zu rechtfertigen, um das Monopolproblem, das Problem externer Effekte und das Problem der wettbewerbsbedingten Überdehnung der Verteilungsrelationen zu lösen. Der tiefere Grund für diesen Kanon an Eingriffsrechten liegt letztlich in der Beschränkung staatlicher Macht und der Sicherung der Freiheit. Autonome Eingriffsrechte des Staates sind hiermit nicht beschrieben.

Die neuere Institutionenökonomik offeriert Einsichten für das Umfeld der Eigentumskategorie und fußt dabei auf elementaren konstitutiven Regeln, die den mikroökonomischen Bedingungen der Wettbewerbsordnung nach Eucken entsprechen. Die freiheitliche Ordnung ruht auf unverletzlichen individuellen Verfügungsrechten, deren Durchsetzung und Einklagbarkeit eine entsprechende Rechtsordnung erfordern. Diese Rechtsordnung hat Verfügungsrechte nach den Grundsätzen für das Privateigentum, Übertragungsrechte nach dem Grundsatz der Vertragsfreiheit und Haftung aufgrund vertraglicher Verpflichtungen oder rechtswidriger Handlungen zu regeln. Eigentum wird demnach durch rechtlich geschützte Ansprüche von Individuen bei der Verfügung über knappe Güter festgelegt. Die Eigentumsrechte umfassen das Recht des Gebrauchs, das Recht der Veränderung des Aussehens und der Substanz sowie das Recht der Übertragung aller oder einzelner Rechte daran. „Das Eigentumsrecht ist ein ausschließendes Recht, aber Eigentum ist kein uneingeschränktes Recht“ (R. Richter, E. Furubotn: Neue Institutionenökonomik, 1996, 83.). Zur Differenzierung dieser Handlungsräume und Handlungsmöglichkeiten des Individuums in der marktwirtschaftlichen Ordnung können verschiedene Theoriestränge der Institutionenökonomik herangezogen werden:

- Die Analyse von **Verfügungsrechten**, die an das Eigentum gebunden sind und aus diesem folgen. Worauf bezieht sich das unbeschränkte Eigentum, welche Einzelrechte sind damit verbunden? Wie kann sichergestellt werden, dass eine Verzerrung durch unvollständige Wirtschaftsrechnung (externe Effekte) vermieden wird?
- Die Analyse von **Transaktionskosten**, die vielfältig beim ökonomischen Tausch bedeutsam sein können und dadurch zum Gegenstand von Verträgen werden. Welche Übertragung von Eigentumsrechten wird trotz ihrer Einvernehmlichkeit möglicherweise verzerrt, weil unvollständige Information oder begrenzte Weitsicht herrschen, weil Verhandlungen strategieanfällig oder weil Überwachungskosten prohibitiv sind? Wie sind Tausch oder Eigenproduktion im Lichte von Transaktionskosten zu bewerten?
- Die ökonomische **Vertragstheorie**, die sich mit Anreizproblemen infolge asymmetrischer Informationsverteilung auseinandersetzt und damit letztlich der Frage nachgeht, wie Haftung definiert und sanktioniert werden kann. Welche Bedeutung und welche Folgen hat eine asymmetrische Informationsverteilung zwischen Vertragspartnern einerseits und diesen sowie Dritten andererseits? Wie können opportunistische Strategien und Versuche der Ausbeutung vermieden und weitgehend unattraktiv gemacht werden?

Nach Richard Posner umfasst „ein effizientes System von Verfügungsrechten“ drei Kriterien – (1) die Universalität, (2) die Ausschließlichkeit und (3) die Übertragbarkeit von Verfügungsrechten, deren Erfüllung bei rational handelnden Menschen Handlungen motiviert, die den „Volkswohlstand“ fördern (The Economic Analysis of Law, 1972, 29). Jede Behinderung des freien Tauschs wirke Effizienz mindernd. Für unsere weiteren Überlegungen im Lichte der Weltfinanzkrise sind zwei Arten von Verfügungsrechten herauszuheben (Richter, Furbotn, 88):

- Absolute Verfügungsrechte, die von jedermann zu beachten sind, umfassen uneingeschränkte Eigentumsrechte, die nur durch Gesetz oder Ansprüche anderer begrenzt werden, wie das Privateigentum an Grund und Boden, sowie beschränkte dingliche Rechte wie Nießbrauch und Wohnrechte, wie Si-

cherungs- und Verwertungsrechte (Hypotheken, Sicherungsübereignung) sowie Erwerbsrechte (Vorkaufsrecht). Ferner Urheberrecht und Menschenrechte.
- Relative Verfügungsrechte, die sich auf ein Gläubiger-Schuldner-Verhältnis beziehen. Ein solches kann auf einer vertraglichen Beziehung beruhen, die mit einer bestimmten Anreizstruktur verbunden ist, oder aus gesetzlichen Haftungsansprüchen bei unerlaubten Handlungen.

III. Der Verlust an Grenzerfahrung zwischen Privatheit und öffentlichem Raum

Privateigentum definiert Grenzen der Verfügung und der Nutzung, es internalisiert die positiven Effekte, die von Gütern oder Forderungen ausgehen. Externe Wirkungen – im Positiven wie im Negativen – sind zu vermeiden. Diese Internalisierung der Nutzen und Kosten ist eine starke, wenn auch – wie deutlich gemacht – keine hinreichende Bedingung für eine funktionsfähige Wettbewerbsordnung. Glückt die Internalisierung grundsätzlich und gilt dabei eine Symmetrie zwischen den Eigentümern, dann erfüllt das Privateigentum dem Eigner verschiedene Funktionen:

- **Unabhängigkeitsfunktion**, die eine elastische Reaktion auf Änderung fundamentaler Lebensdaten (Wandel der Lebensumstände) ermöglicht;
- **Sicherungsfunktion**, die eine Abwehr ungünstiger Entwicklungen und Ereignisse ermöglicht und damit eine intertemporale Perspektive eröffnet (Risikotragfähigkeit);
- **Ertrags- und Sanktionsfunktion**, die sich aus alternativen Verwendungen des Eigentums im Wettbewerb ergibt und entsprechende Anreize zur Pflege des Vermögens und zur Sorgfalt im Umgang damit setzt.

Diese individuellen Funktionen privaten Eigentums setzen die Wirksamkeit öffentlicher Güter voraus. Ohne staatliches Gewaltmonopol, ohne sanktionsbewehrte Rechtsordnung, ohne effektive Wettbewerbspolitik, ohne stabilitätsorientierte Geldpolitik wird eine Wettbewerbsordnung, die Privateigentum, Vertragsfreiheit und Haftung auf positive Weise zusammenbindet, auf Dauer nicht möglich sein, sondern allenfalls als Episode gedeihen. Anders gewendet: Private Güter setzen für ihre Funktionalität öffentliche Güter voraus. Das klingt banal, wenn die dafür erforderliche Trennschärfe in der Definition beider Kategorien zu jeder Zeit und an jedem Ort gelingt. Genau das aber ist leichter gesagt als realisiert, wie die Erfahrung der Weltfinanzkrise belegt. Die Stabilisierung des Finanzsystems wird als Sicherung eines öffentlichen Gutes bewertet, die möglicherweise die Universalität, die Ausschließlichkeit und die Übertragbarkeit von privaten Eigentumsrechten gefährdet. Dass der staatliche Stabilisierungsauftrag letztlich eine Folge falscher Eigentumspolitik (in den Vereinigten Staaten) ist, macht nur deutlich, wie weit reichend eine staatliche Fehlintervention an der Grenzstelle zwischen privaten und öffentlichen Gütern sein kann. Wer einmal die Grenze überschreitet, der wird dies offenbar noch öfters tun müssen.

Eine genauere Inspektion der Grenzlinie zwischen privatem und öffentlichem Eigentum beziehungsweise privaten und öffentlichen Gütern erweist sich angesichts der offenkundigen Verwirrung – auf Seiten des Staates wie auf Seiten der Privaten – als geboten (Tabelle). Dabei wird nicht die produktionstechnisch begründete Unterscheidung der Güterkategorien – Rivalität im Konsum und Ausschließbarkeit der Nutzung – zugrunde gelegt, sondern die den Privaten jeweils zustehenden absoluten Verfügungsrechte. Diese differieren bei den hier betrachten Typen „reines öffentliches Gut“ sowie „Individualgut“. Ersteres zeichnet sich dadurch aus, dass dem Einzelnen nur Nutzungsrechte zustehen, die Rechte der Veränderung und der Übertragung jedoch nur beim Kollektiv liegen, also öffentlich sind.

Tabelle 1: Verfügungsrechte an privaten und öffentlichen Gütern

Güterkategorie / Verfügungsrechte	Privates Gut (Individualgut)	Rein öffentliches Gut
Nutzungsrechte	privat/individuell	privat/individuell
Veränderungsrechte	privat/individuell	öffentlich/kollektiv
Übertragungsrechte	privat/individuell	öffentlich/kollektiv

Wenden wir dieses Schema auf zwei Aspekte an, die bei der Entstehung und der Wirkungsdynamik der Weltfinanzkrise bedeutsam waren.

- Der „Community Reinvestment Act“ in den USA war als typisches Produkt einer Politik des Gutgemeinten ein gravierender Eingriff in die Vertragsfreiheit der Banken. Öffentliches Interesse überrollte die privaten (wirtschaftlichen) Interessen, wie sie bei Finanzintermediären unter den Gesichtspunkten der eigenen Risikotragfähigkeit, der Risikoeinschätzung der Kreditnehmer und der Renditeansprüche der Kapitalgeber gewöhnlich wirken. Das private Gut „Finanzintermediation“ mutierte durch den Staatseingriff zu dem Quasi-öffentlichen (oder meritorischen) Gut „Vermögensbildung ärmerer Haushalte“, ohne dass dies für Öffentlichkeit und Bankkunden hinreichen transparent gewesen wäre. Formal war der private Allokationsmechanismus nicht gestört, sondern nur begrenzt.
- Die Regelungen des Basler Ausschusses für die Eigenkapitalunterlegung von Marktrisiken hatten Anfang der neunziger Jahre des vorherigen Jahrhunderts wegen der fehlenden Differenzierung nach Risikoqualität den Widerspruch der Banken hervorgerufen. Es wurde eine Differenzierung der

Eigenkapitalunterlegung nach den verschiedenen Risiken mit dem Hinweis auf das überlegene bankinterne Risikomanagement eingefordert. Bereits 1996 wurden neue Regelungen wirksam, welche die Nutzung der bankeigenen Risikomodelle bei der Ermittlung der Eigenkapitalunterlegung erlaubte. Entsprechend eröffnet Basel II dies auch für Kreditrisiken. Während Basel I eine Eigenkapitalunterlegung von 8 Prozent für alle Kredite forderte, wird heute bei vielen großen Banken nur eine Eigenkapitalausstattung erreicht, die unter 3 Prozent der nicht risikogewichteten Bilanzsumme liegt. Die von den Banken fokussierte risikogewichtete Bilanzsumme ist freilich nur dann aussagefähig, wenn die verwendeten Modelle die relevanten Risiken angemessen erfassen. Genau das war aber nicht der Fall; insbesondere Refinanzierungsrisiken bei nicht fristenkongruenter Finanzierung, Gegenparteirisiken in Risikoabsicherungsverträgen sowie Bewertungs- und Liquiditätsrisiken in Wertpapiermärkten wurden systematisch unterschätzt (Institut der deutschen Wirtschaft Köln et al.: Arbeitsweise der Bankenaufsicht vor dem Hintergrund der Finanzmarktkrise. Gutachten im Auftrag des Bundesministeriums der Finanzen, 17. Febr. 2009). Die „Optimierung des Eigenkapitals" seitens der Banken widersprach dem Interesse der Öffentlichkeit und der durch diese Beauftragen Finanzaufsicht an der Stabilität des Finanzsystems. Regulierungsfragen dürfen nicht von den zu Regulierenden gestaltet werden („regulatory capture by sophistication"), da dies nicht anderes bedeutet, als dass letztlich private Interessen die öffentlichen Interessen dominieren. Ein öffentliches Gut wurde privat gestaltet, die Kompetenz der Privaten beschränkte sich nicht auf die Nutzung (hier: Anwendung).

Beide Beispiele machen deutlich, wohin es führt, wenn die Funktions- und Verantwortungstrennung zwischen privatem und öffentlichem Eigentum respektive privaten und öffentlichen Gütern ignoriert wird. Dabei lässt sich bei allen Akteuren – dem Staat wie den Privaten – ein Interesse an einer Grenzüberschreitung finden. Bei den größeren Privatisierungsprojekten der letzten zehn Jahre lässt sich gut erkennen, wie aus Angst vor einem tieferen Konflikt die Positionierung der privatisierten Unternehmen im Unklaren gelassen wurde. So entsteht – durchaus nicht ungewollt – der Eindruck, dass der öffentliche Auftrag immer noch, nur effizienter von denselben Unternehmen – in anderer Rechtsform – sichergestellt wird. Und nicht selten finden sich bei den Vorständen dieser Unternehmen Argumentationen, die genau dies bestätigen. Der Mindestlohn für Postzusteller ist dafür ein Beleg. Eine Internalisierung der Nutzen und Kosten privaten Eigentums kann dann nicht gelingen.

Die Finanzmärkte sind nicht leicht zu handhaben, wenn es um die Differenzierung von privater und öffentlicher Verantwortung, somit um die Möglichkeit privaten Eigentums und privater Verfügungsrechte geht. Die Finanzintermediation als zentrale Funktion eines Finanzsystems, also die Transformation von Losgrößen, Fristen und Risiken zwischen Sparern und Investoren, ist grundsätzlich eine Dienstleistung in privater Verantwortung. Es werden in der Regel relative Verfügungsrechte (Gläubiger-Schuldner-Verhältnis) definiert und gehandelt, bei besonderen Sicherungsformen (Hypotheken, Sicherungsübereignung) auch absolute Verfügungsrechte. Jeweils wirkt elementar das Problem der asymmetrischen Informationsverteilung zwischen Sparern, Intermediären und Investoren. Finanzinnovationen als Instrumente zur Bewältigung dieses Problems sind höchst willkommen. Erst die Möglichkeit von Risiken, die nicht einzelvertraglich oder durch Versicherungsverträge kurierbar sind, fordert den Staat. Der derzeit oft zu hörende Begriff des systemischen Risikos ruft nach öffentlicher Verantwortung, weil der damit erfasste negative externe Effekt global wirkt, keine Eigentums- und Verfügungsrechte unbetroffen lässt, zugleich aber nicht aus dem Markt heraus kompensiert werden kann. Ein systemisches Risiko im Finanzsystem kann durch Dominoeffekte infolge verketteter Bankbilanzen sowie durch Informationseffekte als Folge einer Misstrauensinfektion bei Vermögenswerten entstehen. Die dann drohende umfassende Gefährdung von letztlich absoluten Verfügungsrechten kann nur durch den Staat aufgefangen werden. Damit es dazu – quasi zu einer Verantwortungsausbeutung des Staates durch private Akteure an den Finanzmärkten – nicht kommt, sind Maßnahmen der ordnungspolitischen Prophylaxe gefordert, die eindeutig und transparent Eingriffe des Staates in private Eigentums- und Verfügungsrechte definieren. Dazu zählen:

- Konsistente Anforderungen an die Banken zur Eigenkapitalunterlegung von Risikopositionen (Eingriff in relative Verfügungsrechte und in die Vertragsfreiheit, Stärkung der individuellen Haftung).
- Konsequente Einforderung von Haftung durch Selbstbehalt bei Verbriefungen und Gewährleistung bei strukturierten Produkten (Eingriff in die Vertragsfreiheit, Stärkung der Haftung).
- Verhinderung von Regulierungsarbitrage durch Finanzintermediäre, d.h. der Nutzung der Vertragsfreiheit zur Umgehung von Regeln (Eingriff in die Vertragsfreiheit).
- Laufende Beaufsichtigung des Finanzsystems nach dem makroprudentiellen Ansatz, während die Einzelinstitutsaufsicht stärker von den Einlagensicherungsinstitutionen und den Prüfungsverbänden getragen wird.
- Transparente Vorkehrungen für den Fall, dass die Insolvenz eines systemrelevanten Finanzinstituts zu vermeiden ist, ohne dass der Staat (die Steuerzahler) durch strategisches Verhalten benachteiligt wird (Vermeidung von Vertrauensverlusten durch Ex-Post-Regulierung).
- Verlässliche Stabilisierung des Niveaus der Güterpreise wie der Vermögenspreise durch eine entsprechend auf die potentialorientierte Auswei-

tung ausgerichtete Entwicklung der Kreditaggregate (Stärkung des Primats der Währungspolitik).

Auf der Grundlage dieser staatlichen Interventionen soll die Gefahr eines systemischen Risikos im Finanzsystem, bei dessen Eintritt Verantwortung und Haftung nicht mehr wirksam, d.h. folgenreich, zugeordnet werden können, angemessen verringert werden. Zugleich wird die Eigentumsordnung gesichert und werden die Eingriffe des Staates eindeutig definiert sowie beschränkt. An diesem Zusammenhang wird deutlich, wie Privateigentum und öffentliche Güter verbunden sind. Privateigentum ist gesellschaftlich nur tragbar, wenn zugleich die Anerkennung der Eigentumspflichten – nämlich die Rücksicht auf die Eigentumsrechte anderer – eingefordert wird. Insofern verbindet Privateigentum – genauer: die Symmetrie der Eigentumsrechte und der Eigentumspflichten – den Einzelnen mit dem öffentlichen Raum, wie Hannah Arendt (Vita activa oder Vom tätigen Leben, 1967) ihn beschrieben hat.

Zwar unterscheidet Arendt den öffentlichen Raum als das Gemeinsame aller vom Privateigentum, doch „selbst das Zwielicht, das unser intimes Privatleben notdürftig erhellt, (verdankt) seine Leuchtkraft dem blendend unerbittlichen Licht, das aus der Öffentlichkeit strahlt“ (S. 64). Das Entstehen der modernen Gesellschaft vollzog sich, „in dem Privatbesitz aufhört, ein privates Anliegen zu sein, und anfängt, eine öffentliche Angelegenheit zu werden“ (S. 81). Das beschreibt historisch nichts anderes als den flächendeckenden Aufbruch in die ökonomische Arbeitsteilung. Im öffentlichen Raum sind die anderen mit ihren Fragen und Bedürfnissen durch eben die Augen der anderen zu sehen, so wie das eigene Eigentumsrecht nur durch die Wahrung der Eigentumsrechte der anderen legitimiert wird. Das aber kann erst gelingen, wenn die Definition des Privateigentums und die des öffentlichen Bereichs eindeutig sind und akzeptiert werden. Genau das war vielfach im Ursachengeflecht der Weltfinanzkrise nicht der Fall und genau das droht jetzt im Zuge der Krisenbekämpfung wieder bis zur Unkenntlichkeit zu verschwimmen. Die Wettbewerbsordnung als Ausdruck der Freiheitsberechtigung der Bürger kann so kaum überleben. Die Herausforderung der Krise besteht in der Gestaltung der Nachkrisenordnung. Dafür dürfen grundlegende Pfeiler nicht in Zweifel gezogen werden. Die Kategorie Eigentum gehört dazu.

Die Finanzmarktkrise – eine Gefahr für das Eigentum?

Andreas Schmitz

„Eigentumsverfassung und Finanzkrise" – ich müsste lügen, wenn ich sagen würde, ich wäre Ihnen, Herr Prof. Schmidt-Jortzig, und Ihnen, Herr Prof. Depenheuer, dankbar für Ihre Einladung, in diesem Kreis und im Rahmen dieser renommierten Veranstaltung der Deutschen Stiftung Eigentum über ein so wichtiges und grundlegendes, aber auch anspruchvolles Thema sprechen zu können. Denn gleich bei einem meiner ersten Auftritte als Präsident des Bankenverbandes stehe ich heute vor Ihnen als Vertreter eines Berufstandes, der wohl noch nie in der jüngeren Geschichte so im Kreuzfeuer der Kritik gestanden hat wie in diesen Tagen und der erst durch sein Zutun mit dafür gesorgt hat, dass Begriffe wie „Enteignung" und „Verstaatlichung" nicht mehr nur abstrakte Begriffe in unserer Verfassung sind, sondern als „ultima ratio" der Rettung einer Bank dienen sollen.

Versucht man jedoch dem Verhalten einzelner Banken oder Banker überhaupt irgendetwas Positives abzugewinnen, so könnte man sagen, dass sie durch ihr Verhalten ganz im Sinne der Ziele Ihrer Stiftung dafür gesorgt haben, dass Problembewusstsein für die Gefährdung des Grundwertes „Eigentum" wieder zu stärken. Aber im Ernst: Dankbarkeit dafür einzufordern, liegt mir fern. Jedoch hoffe ich auf Ihr Verständnis angesichts der Herausforderungen meiner neuen Aufgabe. Denn eines ist gewiss, meine Damen und Herren: Das, was wir derzeit erleben, hat kein aktiv im Wirtschaftsleben Stehender je mitgemacht. Gigantische Maßnahmenpakete von Regierungen und Notenbanken, dieser Tage so etwas wie die Herz-Lungen-Maschinen des Finanzsystems, haben zwar die Gefahr eines System-Crash im Oktober 2008 abgewendet. Gleichwohl lässt sich die aktuelle Situation am ehesten als die Rückkehr von katastrophalen zu nach wie vor alles andere als halbwegs normalen Verhältnissen beschreiben. Und selbst wenn es gelingt, das Finanzsystem zu stabilisieren und anschließend neu auszurichten, haben wir es immer noch mit einer sich vertiefenden globalen Rezession zu tun, und die wird nach unserer Ansicht länger dauern und tiefer werden, als wir uns das noch vor kurzem vorstellen wollten.

Nun aber genug der Vorrede, kommen wir zur Sache: Es geht um das Thema Eigentum. Barack Obama, der es auch mit schweren Aufgaben gleich am Beginn seiner Amtszeit zu tun hat, wenn auch ungleich schwereren, beruft sich, wie wir wissen, gern auf seinen Vorgänger Abraham Lincoln. Und dieser, der 16. Präsident der Vereinigten Staaten, hat einmal gesagt: „Eigentum ist eine Frucht von Arbeit. Eigentum ist wünschenswert, ein positives Gut in der Welt. Dass einige reich sind zeigt, dass andere reich werden können, und das ist wiederum eine Ermutigung für Fleiß und Unternehmensgeist." Dieses Zitat zeigt für mich zweierlei: Zum einen betont es das Eigentum als Institution in der Gemeinschaft und damit seinen gesellschaftlichen Bezug. Zum anderen wird das Eigentum in der Hand des Individuums angesprochen: Der Einzelne soll durch den Erwerb von Eigentum seine Lebensgrundlage schaffen und erhalten können.

Werfen wir einen Blick in die juristische Literatur zu Artikel 14 des Grundgesetzes, so finden sich beide Perspektiven wieder: Das ist zum einen das Eigentum als Garantie zugunsten des Individuums. Brun-Otto Bryde spricht von der „freiheitsschützenden Funktion" des Eigentums. Zum anderen unterliegt aber das Eigentum gemäß Art. 14 II unseres Grundgesetzes ausdrücklich der Sozialbindung. Wie weit jedoch diese Bindung reicht, dies ist eine der schwierigsten und umstrittensten Fragen unseres Verfassungsrechts. Hans-Jürgen Papier, der Präsident des Bundesverfassungsgerichts, verweist hierzu auf die – wenn auch nicht uneingeschränkte – Kompetenz des Gesetzgebers zur inhaltlichen Ausgestaltung des Eigentumsrechts und auf das Gebot der Abwägung zwischen Freiheitsschutzfunktion und Sozialpflichtigkeit des Eigentums. Beides zeige, so Papier, dass wir es mit einer zwar nicht gänzlich offenen, doch aber dynamischen Eigentumsverfassung zu tun haben. Das Bundesverfassungsgericht selbst hat zwar die „wirtschaftspolitische Offenheit" des Grundgesetzes betont. Es hat aber auch unmissverständlich klargestellt, dass eine Zentralverwaltungswirtschaft mit den Grundrechten unserer Verfassung nicht zu vereinbaren wäre.

Kurzum: ein schwieriges, ein heikles Thema. Aber ein Thema, das – wie zuvor erwähnt – nun den Weg von den verfassungsrechtlichen Seminaren ins Zentrum der Politik bzw. von der juristischen Literatur in die Tageszeitungen gefunden hat und dort von Politik über den Wirtschaftsteil bis hin zum Feuilleton. Ein fatales Vertrauen in die fehlerhafte Theorie des immer effizienten, sich selbst regulierenden Marktes hat zu einem nie dagewesenen Vertrauensverlust geführt. Geschwunden ist das Vertrauen in die Banken, das Vertrauen in die Märkte, das Vertrauen in die Finanzaufsicht, ja zum Teil sogar das Vertrauen in das gesamte marktwirtschaftliche System. Dabei ist gerade für uns Banken dieser Vertrauensverlust jedoch existenzgefährdend, denn wir Banken leben nun mal vom Vertrauen. Das Ergebnis, meine Damen und Herren, ist eine historisch fast beispiellose Risikoaversion, als deren Folge wir derzeit eine Debatte über massivste Staatseingriffe in die Wirtschaft erleben. Quer durch alle Gesellschaftsschichten und verstärkt durch eine enorme Medienresonanz hallt der Ruf nach mehr Staat bzw. wird der

Sozialisierung der Eigentums- und Steuerungsfunktion durch den Staat das Wort geredet. Manches klingt absurd, manches wäre bis vor kurzem undenkbar gewesen. Aber seien wir ehrlich: Diese Jahrhundertkrise, dieser „perfect storm“, hat uns alle ein Stück weit verunsichert, und niemand, sei es in der Politik, in der Wirtschaft oder Wissenschaft, hat derzeit ein oder vielmehr das Patentrezept in seinen Händen. Doch auch und gerade in dieser Lage bin ich von drei Dingen zutiefst überzeugt:

Erstens: Die Soziale Marktwirtschaft darf nicht in Frage stehen. Sie ist die Schwester der Demokratie und des Rechtsstaats, sie hat das überzeugende Menschenbild. Und wer, wenn nicht wir Deutschen – die wir mehr als 40 Jahre den Systemvergleich zwischen Marktwirtschaft und Staatsinterventionismus bzw. Sozialismus in den beiden Teilen Deutschlands wie im Reagenzglas haben studieren können – sollte dies wissen? Denn das Ergebnis ist eindeutig ausgefallen: Die Marktwirtschaft hatte zweifellos ihre Krisen, der Sozialismus war jedoch eine einzige Dauerdepression. Der Markt ist, kurzum, ohne Alternative.

Zweitens: Eigentum und Eigentumsfreiheit spielen in der Sozialen Marktwirtschaft eine elementare Rolle. Vom Eigentum gehen schöpferische Kraft, Fortschritt und Wohlstand aus, und es ist deshalb schutzwürdig. Es verpflichtet aber auch.

Und drittens: Banken haben bei der Aufgabe, Eigentum zu schützen und zu mehren, eine große Verantwortung, quasi eine Treuhänderfunktion.

Aber machen wir uns nichts vor: Wenn an den Weltbörsen die Kurse wegbrechen, wenn institutionelle wie private Anleger auf isländische Banken oder auf Wertpapiere jahrhundertealter, amerikanischer Investmentbanken gesetzt haben, deren Renommee kaum größer hätte sein können, und nun damit große und größte Verluste erleiden, wenn alle Staaten, deren Finanzmärkte für diesen Globus von Bedeutung sind, Stützungsmaßnahmen treffen müssen, bei denen die Milliarde die kleinste Recheneinheit ist, dann stellt sich natürlich die Frage – und deshalb haben Sie mich ja eingeladen – ob die Banken ihrer Verantwortung und den an sie gerichteten Ansprüchen denn gerecht geworden sind.

Die Antwort lautet: Nein, sie sind es nicht, zumindest nicht in hinreichendem Maße. Sind wir alleinverantwortlich für die Krise? Nein, aber das macht es auch nicht besser. Gleichwohl bin ich überzeugt: Wir Banken bringen alle Voraussetzungen mit, die an uns gerichteten Ansprüche künftig wieder voll und ganz zu erfüllen. Das wollen und das werden wir tun. Damit dies gelingt, müssen aber Konsequenzen aus der Krise gezogen werden. Welche das nach meiner Überzeugung sind, das möchte ich Ihnen gleich vortragen.

Zuvor – und das erwarten Sie sicher von mir – muss man in den Blick nehmen, wie es zu dieser verheerenden Finanzmarktkrise kommen konnte. Und auch hier möchte ich mit dem Originalzitat eines amerikanischen Präsidenten zum Thema Eigentum beginnen: „We are creating an ownership society in our country, where more Americans than ever will be able to open up their door where they live and say: Welcome to my house, welcome to my piece of property!“ George W. Bush hat mit diesen Worten das Gute gemeint und das Gute gewollt, nämlich das Gesellschaftsmodell einer „ownership society“, aber etwas Verhängnisvolles ins Rollen gebracht. Denn es wurde – und das ist aus Sicht des Eigentums eine besondere Tragik – der Keim gelegt, aus dem die Finanzmarktkrise erwachsen sollte. Denn Eigentum – und vor allem Grundstückseigentum – ist in Amerika traditionell ein in Quadratmetern zu bemessendes Synonym für Freiheit.

Nach den Anschlägen des September Eleven setzten die USA daher ganz auf die schon zuvor vom lange übertrieben glorifizierten Alan Greenspan eingeläutete Politik des „billigen Geldes“. Damit wurde – im Ansatz nachvollziehbar – versucht, die wirtschaftlichen Folgen des Terrorschocks für die USA und die gesamte freie Welt zu begrenzen. Viel Liquidität an den Märkten – so die Idee – sollte die Wirtschaft in Schwung halten. Die Kosten für Investitionen, vor allem aber die Preisdifferenz zwischen solventen und weniger solventen Schuldnern sank so tief wie nie zuvor. Der Haken an der Sache war: Wenn so wenig für Kapital gezahlt wird, geraten diejenigen, die Finanzmittel bereitstellen, unter Druck. Institutionelle Investoren, Versicherungen und Hedge-Fonds suchten händeringend nach rentierlichen Anlagen – die „Jagd nach Rendite“ war eröffnet.

Noch etwas früher, in den Jahren 1999 und 2000, hatte auf dem US-Immobilienmarkt ein starker Preisanstieg eingesetzt. Zwischen 2000 und 2006 stiegen dort die Häuserpreise um nominal 80 %. Warnungen, dass dies keine gesunde Entwicklung sei, gab es durchaus. Stimmen, die zumindest eine „harte Landung“ prophezeiten, gab es auch. Aber sie fanden wenig Gehör. Zu schön war der Boom, zu verlockend die Vorstellung und zu naiv das Vertrauen, er möge einfach anhalten. „This time it's different“ war das Credo – ein Satz, der schon oft das Menetekel künftiger Abschwünge oder Krisen war.

Aber das scheint eine Konstante der Wirtschaftgeschichte zu sein, und dafür brauche ich nicht erst bis zur Großen Depression 1929 oder sogar bis zur Tulpenkrise in Holland im 17. Jahrhundert zurückzugehen. Wieder einmal mehr wurde der reine Glaube an den Boom, von der Realität längst nicht mehr gedeckt, zum Keim einer Krise. Dass dieser Keim in den USA auf besonders fruchtbaren Boden fiel, dass die Sparquote dort extrem gering war, dass es an einer Festzinskultur in der Immobilienfinanzierung fehlte, dass in einem Boom, der scheinbar nicht enden wollte, immer neue Kundengruppen für Immobilienkredite erschlossen wurden, dass die Standards der Kreditvergabe immer mehr erodierten und Kredite zum Teil ohne jede Bonitätsprüfung vergeben wurden, all das trieb den Zug des Unheils, der längst rollte, immer schneller voran.

Viele der Kredite, für die sich – im Grunde beschönigend – der Begriff „Subprime“ durchgesetzt hat, wurden von den kreditgebenden Banken dann allerdings nicht im eigenen Bestand gehalten, sondern – gemischt mit Krediten für Schuldner mit besserer Bonität – in Wertpapieren gebündelt und an den Kapitalmärkten verkauft. Und zwar rund um den Erdball. So übernahmen auch deutsche Kreditinstitute solche Papiere – und mit ihnen alle damit verbundenen Risiken. Und schlimmer noch: Beim Einmalverkauf der Risiken blieb es nicht. Immer und immer wieder wurden die Kreditrisikobündel neu gemischt und „umverpackt“.

Heute sehen wir es klar vor Augen – und wissen hätten wir es immer schon können –, dass man Risiken nicht wegreden kann. Man kann sie zerhacken und anders nennen, kann sie verbriefen, verstecken, vermarkten. Es bleiben aber Risiken. Oder vereinfacht ausgedrückt: Man kann Gammelfleisch tranchieren, so oft man will, es wird kein Prime Beef daraus. Auch dass die Kreditpakete immer undurchsichtiger wurden, zumindest für die Käufer und die sie beratenden Anwälte und Wirtschaftsprüfer, hätte Unbehagen auslösen müssen. Tat es aber nicht, weil man viel zu leichtfertig auf das Urteil der Rating-Agenturen, quasi des Fleischbeschauers, vertraute. Und es kam, wie es kommen musste, die Rechnung ging nicht auf: Bald nach Zuspitzung der Krise im Sommer 2007 war das Vertrauen in solche Investments zerstört. Der Handel brach zusammen, es gab keine Marktpreise mehr. Da man nicht wusste, was die Nachbarbank in ihren Büchern hatte, erfasste das Misstrauen auch andere Marktteilnehmer und gesunde Assets. Schließlich mussten die Zentralbanken einspringen und in erheblichem Umfang Liquidität bereitstellen.

Schnell tauchte ein weiteres Problem auf: Für immer mehr Wertpapiere wurde es immer schwieriger, Marktpreise zu ermitteln. So geriet der prinzipiell richtige Ansatz, alle Vermögenswerte in der Bilanz zu ihrem Marktpreis, zu ihrem „Fair Value“ zu bewerten, ins Wanken. Auch kerngesunde Banken konnten in der Bilanz nicht mehr schlüssig abbilden, was sie „wert waren“. Wer bis dahin geglaubt hatte, die Krise werde sich durch die üblichen, wenn auch deutlich verstärkten Interventionen des Staates lösen lassen, wurde am 15. September 2008 eines Besseren belehrt. Um dem moral hazard nicht gänzlich das Feld zu überlassen, entschied der amerikanische Finanzminister, der bei Bear Stearns noch den Daumen gehoben hatte, Lehman Brothers nicht vor dem Konkurs zu bewahren. Heute ist klar, dass dies ein Fehler war, der die Situation an den Weltfinanzmärkten dramatisch verschärft hat. In Deutschland ergriff die Krise zuerst die Institute, die in großem Stil auf den Erwerb von Verbriefungen aus dem „Subprime“-Segment gesetzt hatten. Hierfür ist – vor allem, wenn auch nicht nur bei den Landesbanken – der Begriff „Kreditersatzgeschäft“ geprägt worden. Er deutet schon an, wo das Problem liegt: Institute, denen es an auskömmlichen Kreditengagements und an Alternativen zum Kreditgeschäft fehlte, lenkten ihre Liquidität, die teils im Überschuss vorhanden war, in Anlagen, deren Risiko man offensichtlich nicht tragen konnte. Das rasante Wachstum von Produkten, die auf Krediten zweifelhafter Qualität basierten, hat allerdings auch damit zu tun, dass Finanzunternehmen falsche Anreize bei der Vergütung gesetzt hatten: Neues Verbriefungsgeschäft zu akquirieren, das stand zu sehr im Vordergrund – welche Risiken für die Bank damit eingekauft wurden, dem schenkte man zu wenig Beachtung.

Aber zu der Illusion, das Bankgeschäft auch ohne Kunden betreiben zu können – nämlich nur als In-sich-Geschäft im Bankenlager selber, gestützt auf einer Illusion dauerhafter billiger Refinanzierung – kamen auch Regulierungsdefizite hinzu: Es fehlte nicht generell an Regeln, aber es fehlten in diesem Bereich wirksame, es fehlten die richtigen Regeln. Einzelne Vorschriften waren sogar schädlich – etwa jene, die es erlaubte, Liquiditätszusagen an außerbilanzielle Vehikel nicht mit Eigenkapital zu unterlegen. Solche Spielräume werden bei einer Liquiditätsschwemme aggressiv genutzt. Und zwar gerade von Instituten, die sonst keine dauerhaft soliden Erträge erzielen können.

Was in der Regulierung von Banken, was im Aufsichtsrecht, was beim Thema Managervergütung und Managerhaftung schief gelaufen ist, wird ja bereits intensiv diskutiert. Und es ist in der Tat zu fragen: Haben die Banken und haben die Regulierer zu sehr auf „den Markt" vertraut? Hat man den Belangen der Kunden zu wenig Beachtung geschenkt? Ist man insbesondere mit dem Eigentum der Kunden zu leichtfertig umgegangen? Hat man also das Schiff sehenden Auges in die Stromschnellen gesteuert? Ich meine: Ja und Nein. Ohne Zweifel haben viele – und ich sage: viele Banker – das eigene Steuerungsvermögen überschätzt und zu viele Gefahren unterschätzt. Ohne Zweifel muss an diversen Stellen korrigiert werden. Dabei hat der Kunde im Mittelpunkt zu stehen, ob als Kreditnehmer oder als Anleger. Ich bin aber sicher: Das Umdenken hat schon begonnen.

Auch sollten wir nicht vergessen, zumal Pauschalurteile immer gefährlich sind: Bank ist nicht gleich Bank – und zwar weder vor der Krise noch in der Krise noch bei ihrer Aufarbeitung. Um eines bitte ich Sie jedoch besonders: Die Fehler wurden in den Führungsetagen und Handelsräumen der Banken begangen, nicht jedoch von den Tausenden und Abertausenden von Kollegen und Kolleginnen, die Tag aus, Tag ein ohne Fehl und Tadel und im Sinne ihrer Kunden in unseren Häusern ihre Pflicht getan haben. Hier sollte immer differenziert werden.

Besonders hart ist der Vorwurf, Banken hätten nicht nur kurzsichtig hohe Risiken übernommen, sondern darüber hinaus das eigene Scheitern kühl einkalkuliert. Ja, sie hätten von vornherein bewusst auf den Staat als Retter gesetzt und somit grob gegen den Grundsatz der Sozialbindung des Eigentums verstoßen. Das, meine Damen und Herren, wäre in der Tat verantwortungslos. Aber ich schließe ein solches Verhalten aus und kann es mir nicht vorstellen. Wo es behauptet wird, müssen belegbare Tatsachen Gewissheit schaffen. In manchen Fällen – so deutet sich an – werden Gerichte die Wahrheit ans Licht bringen. In jedem Fall würden die privaten Banken, würde der Bankenverband, würde ich als Bankenpräsident ein derart rücksichtsloses Verhalten auf das Schärfste verurteilen.

Natürlich: Manchem kann die juristische Aufarbeitung gar nicht schnell genug gehen. Teils wird moniert, die Grundlagen für eine haftungsrechtliche Aufarbeitung der Krise seien in Deutschland unzureichend. Sie sind es meiner Meinung nach nicht. Neue gesetzliche Regelungen können und sollten eine sorgfältige Analyse der Vorgänge im Einzelnen nicht zu ersetzen suchen. Dort, wo es um die Verantwortung der Finanzwirtschaft insgesamt geht, sehen wir schon klarer. In den G20-Beschlüssen von Anfang April findet sich vieles, was wir private Banken unterstützen. Das gilt für die Verbesserung des Liquiditäts- und Risikomanagements in Banken und der länderübergreifenden Bankaufsicht; die Regulierung von Rating-Agenturen und bisher nicht erfassten Marktteilnehmern, insbesondere von Hedge-Fonds und Private-Equity-Firmen; die Prüfung von Vergütungs- und Anreizsystemen in der Kreditwirtschaft und die Stärkung der Rolle des Internationalen Währungsfonds.

Über viele Punkte ist zu reden und über die jeweils beste Lösung zu streiten. Eines aber ist zurzeit absolut vorrangig: Es muss gelingen, die volle Funktionsfähigkeit der Banken wiederherzustellen, indem wir die Frage lösen, was mit den problembehafteten Papieren passiert. Ich spreche über das Thema „Bad Bank“. Dabei, und das ist mir wichtig, geht es nicht darum – kann und darf es nicht darum gehen –, die Risiken einfach dem Steuerzahler aufzubürden. Wichtig, ja, vordringlich aber ist, dass jetzt eine ökonomisch wie politisch tragfähige Lösung gefunden wird – und zwar rasch. Denn sonst kommen wir in einen Teufelskreis: Das Eigenkapital der Banken würde durch den Zwang zu immer neuen Wertberichtigungen abschmelzen – und mit ihm die Fähigkeit der Banken, Kredite zu vergeben.

Banken sind der Blutkreislauf der Wirtschaft. Wenn er stockt, sind alle anderen Körperfunktionen in Gefahr. Das ist in niemandes Interesse. Gerade in einer Zeit, in der die Welt in einer tiefen Rezession steckt, kommt es doch darauf an, dass die deutsche Wirtschaft weiterhin möglichst reibungslos mit Krediten versorgt werden kann. Welcher Weg hier konkret beschritten wird, ist nicht entscheidend – Hauptsache, wir kommen zu einer Lösung. Diese Erwartung richten wir an die Politik. Aber wir verbinden sie mit der klaren Aussage, dass wir Banken natürlich für die Risiken mithaften müssen und in der Verantwortung bleiben.

Damit komme ich zu den Lehren, die wir Banken – und ich meine damit bewusst nicht nur die privaten – aus der Krise ziehen müssen, generell und insbesondere im Hinblick auf das hohe Gut des privaten Eigentums. Ich sehe hier vier Anforderungen: Banken müssen erstens das Eigentum ihrer Kunden schützen und mehren. Sie müssen zweitens ihre volkswirtschaftliche Rolle ausfüllen, nämlich Kapital in die ertragreichsten Verwendungen führen, und drittens ihrer gesellschaftlichen Rolle gerecht werden, also gute Corporate Citizens sein. Und last but not least, sie müssen den Interessen ihrer Aktionäre, ihrer Eigentümer, genügen. Das klingt wie die Quadratur des Kreises, ist aber durchaus möglich. Drei Dinge sind dabei entscheidend; ich formuliere sie in Thesenform:

Erste These: Es darf im Banking auch unter dem Schock der Krise kein blindes Zurück geben – weder zum Bankgeschäft noch zum Regulierungsrahmen früherer Zeiten. Wer glaubt, die Rückkehr in die vermeintlich guten, alten Zeiten des Bankgeschäfts vergangener Tage sei die Lösung, der wird weder seinen Kunden noch seinen Aktionären gerecht. Und der wird im globalen Wettbewerb wie auch im europäischen Binnenmarkt scheitern. Den Wohlstand der Bürger, ihr Vermögen und ihr Eigentum zu mehren, das wird nicht möglich sein, wenn berechtigte Kritik in eine Verdammung der Globalisierung und letztlich Protektionismus umschlagen sollte.

Wenn alle Fehler analysiert und behoben sind, muss der Blick nach vorn gerichtet werden – nicht zurück. Konkret heißt das: Wir brauchen eine bessere, eine intelligentere – und das heißt zum Beispiel: weniger detailversessene – internationale und nationale Regulierung als früher. Es darf, um nur ein Beispiel zu nennen, nicht sein, dass Rating-Agenturen ohne Einschränkung zugleich als „Zertifizierer“ und als Berater auftreten. Doch klar ist ebenso: Ein Regelwerk, das Vielfalt und Fortschritt im Bankgeschäft unmöglich macht, führt in die Irre.

Und: Wir müssen die Komplexität mancher Produkte reduzieren. Eine „Verbriefung der Verbriefung der Verbriefung“ braucht der Kunde nicht. Aber „one size fits all“ – das sollte und kann es auch nicht sein. Entscheidend ist etwas anderes: Was eine Bank empfiehlt, muss transparent und verlässlich sein, speziell im Hinblick auf das Verhältnis von Rendite und Risiko. Kurzum: Von der Produktkonzeption bis zum Vertrieb müssen die Kunden im Mittelpunkt stehen – mit ihren jeweiligen, also unterschiedlichen Bedürfnissen. Banken müssen mit ihren Kunden wachsen und nicht mit ihren Risiken. Den rechtlichen Rahmen hierfür gibt es – wir müssen ihn nur mit Leben ausfüllen.

Der Respekt vor dem Eigentum, vor dem Wert und den Werten des Kunden schließt dabei noch etwas ein: Der Community aller Banken, der Branche insgesamt, kann es nicht egal sein, wenn es zu Verstößen gegen Grundsätze kommen sollte, von denen wir miteinander überzeugt sind und zu denen wir uns bekennen.

Den Bankkunden – ob als Anleger, oder Kreditnehmer, ob beim Online Banking oder im Zahlungsverkehr – müssen wir wirksam schützen. Das haben sich die privaten Banken auf die Fahnen geschrieben. Sinnvollen Regeln stellen wir uns nicht in den Weg, wir unterstützen sie: Wir bringen uns konkret in die rechtspolitische Debatte ein und diskutieren zugleich intern, im Verband, was in Eigeninitiative zu verbessern ist.

Als Verband unterstützen wir unsere Privatkunden auch ganz praktisch mit dem Ombudsmann-System zur außergerichtlichen Schlichtung von Streitfällen zwischen Kunden und Banken. Das ist eine bewährte Einrichtung, die auch in dieser Krise geräuschlos und effektiv ihren Dienst tut.

Ein weiterer Punkt sind Verbesserungen im Risikomanagement. Das heißt auch und vor allem: Wir müssen skeptischer sein gegenüber dem, was mathematische Modelle suggerieren, und mehr auf das vertrauen, was uns der gesunde Menschenverstand sagt. Jedes Modell beruht zwangsläufig auf Werten der Vergangenheit. Das ist so ähnlich wie Autofahren nur mit dem Blick in den Rückspiegel.

Wichtig ist auch: Der europäische Finanzbinnenmarkt ist ohne Alternative. Auch morgen sollten es deutsche Institute sein, die dem Exportweltmeister helfen, in der Spitzenliga mitzuspielen – in Europa und darüber hinaus. Manche sagen stattdessen: „Small and simple is beautiful.“ Das mag für einen Teil des Bankgeschäfts stimmen. Aber es reicht nicht. Denn nur wer die globalen Märkte kennt und zu nutzen weiß, kann zu Hause im Interesse seiner Kunden handeln. Daran hat die Finanzmarktkrise nichts geändert.

Denn vergessen wir nicht, was zurzeit, unter dem Eindruck der scheinbar alles überdeckenden Finanzmarktkrise, leicht aus dem Blick gerät: Auch nach dieser Krise wird der demographische Wandel, wird die Sicherung der Altersvorsorge aller Bevölkerungsschichten, wird der Kampf gegen die Staatsverschuldung, wird die Sicherung von Währungsstabilität, zu bewältigen sein. Und ich frage Sie: Wie sollen wir diese Herausforderungen bestehen ohne die kluge Nutzung der internationalen Kapitalmärkte und ohne moderne Finanzinstrumente?

Damit komme ich zu meiner zweiten These: Es darf kein Roll-back in der Ordnungspolitik geben. Der Staat ist nicht der bessere Banker – wir sehen es bei den Landesbanken. Und dauerhafter Staatseinfluss im Bankgeschäft wäre keine tragfähige Basis für den Schutz und die Mehrung des Eigentums. Die Soziale Marktwirtschaft ist und bleibt das Fundament, auf dem unser Land gewachsen ist und wieder wachsen wird. Eine rechtsstaatliche und liberale Eigentumsordnung gehört unverzichtbar dazu. Ich gebe zu: Dies zu sagen, für diesen Grundsatz einzutreten, fällt nicht leicht in einer Zeit, in der der Staat massiv in die Kreditwirtschaft eingreift – und dies tun muss, angesichts der Ausnahmesituation, in der wir sind.

Natürlich ist dies ein besonders schwieriger Punkt für die privaten Banken: Wie halten wir es denn mit der Verstaatlichung von Banken, mit der Enteignung ihrer Eigentümer? Auch wenn wir alles lieber täten, als in diesen Kategorien denken zu müssen, so können wir doch einer Antwort nicht ausweichen. Und wir wollen auch nicht ausweichen. Also in aller Klarheit: Als Präsident des Bankenverbandes bekenne ich mich zum kürzlich in Kraft getretenen Finanzmarktstabilisierungs-Ergänzungsgesetz, das als „ultima ratio" auch die Enteignung von Bankeigentümern umfasst. Etwas anderes lässt die Situation nicht zu. Nach den Vorkommnissen der letzten Wochen habe ich aber den Eindruck, dass die Bundesregierung sich der Tragweite ihres Handelns auch weiterhin sehr bewusst ist. Ich denke auch, dass der Sonderstellung, die das Rechtsinstitut der Enteignung in unserer Verfassung zu Recht einnimmt, angemessen Rechnung getragen wird. Und ich habe keinen Grund zu der Annahme, dass hiervon in der Breite Gebrauch gemacht werden soll.

Ebenso klar füge ich aber hinzu, dass das staatliche Engagement in Banken in jedem Fall nur vorübergehend sein darf. Es ist unbedingt notwendig, dass sich der Staat – wo immer und wie immer er sich in der Kreditwirtschaft engagiert – so bald wie möglich zurückzieht.

Zu meiner dritten These: Auf das Geschäftsmodell kommt es an. Und zwar auf nachhaltige Geschäftsmodelle, die den Kunden und sein Eigentum in den Mittelpunkt stellen. Dabei ist die Vielfalt der Geschäftsmodelle ein Vorteil – so wie auch das deutsche Modell der Universalbank. Eine Bank ohne funktionsfähiges Geschäftsmodell ist zum Scheitern verurteilt. Genauso wie ein Sektor oder ein nationaler Bankenmarkt nur dann erfolgreich sein kann, wenn seine Banken über langfristig tragfähige Geschäftsmodelle verfügen. Und übersehen wir nicht: Es gibt auch Banken, die gut durch die Krise gekommen sind. Wie gut oder wie schlecht, darüber haben zwei Dinge entschieden: das Risikomanagement und die selbstkritische Prüfung des Geschäftsmodells. Beides sind Daueraufgaben – und sie gehören zum Kern des Bankmanagements.

Oft hören wir eine Debatte, die Banken nach Gegensätzen einteilt: „Groß" gegen „klein", Universal- gegen Investment-Bank, international gegen regional. Aber das ist zu holzschnittartig. Wichtig ist die Mischung, das individuell überzeugende, marktfähige Geschäftsmodell. Deshalb sage ich – aber nicht, weil ich Bankenpräsident bin, sondern aus Überzeugung: Auf die Vielfalt kommt es an, wenn ein Bankenmarkt insgesamt Erfolg haben soll. Es geht nicht um geschäftspolitische Moden, sondern um überzeugende Antworten auf das, was die Kunden wollen und die Märkte erfordern.

Dabei spielt – wiederum – Vertrauen eine wichtige Rolle. Man muss Banken nicht als bloß „dienende Branche" verstehen, wenn man „gute

Dienstleistung" meint. Wichtig ist, dass man sich für die Ziele und Interessen seiner Kunden einsetzt. Das geht am besten, wenn man partnerschaftlich miteinander umgeht. Wenn man „auf Augenhöhe" diskutiert, auch wenn man nicht immer einer Meinung ist. Und bei Privatkunden gehört es vielfach dazu, gute Produkte mit guter und vor allem verständlicher Beratung zu verbinden. Das scheinen mir ganz praktische Zielsetzungen zu sein, mit denen Vertrauen zurückgewonnen werden kann. Wir müssen es nur tun. In diesem Sinne möchte ich schließen, und zwar noch einmal mit einem US-amerikanischen Präsidenten. Diesmal ist es ein Zitat von Franklin Delano Roosevelt, der sagte: „Es ist mein fester Glaube, dass das Einzige, was wir zu fürchten haben, die Furcht an sich ist – namenlose, vernunftlose, ungerechtfertigte Furcht, die unser Bemühen lahmlegt, Rückschläge in Fortschritt umzuwandeln."

Ordnen wir also die Herausforderung, vor der wir heute stehen, richtig ein. Respektieren wir sie als Mammutaufgabe, aber lähmen wir uns, im Sinne Roosevelts, nicht selbst. Sondern bewahren wir uns miteinander die Kraft, um die Rückschläge, mit denen wir es zu tun haben, in Fortschritt zu verwandeln.

Alle rufen nach einem starken Staat. Was wir wirklich brauchen: starke Eigentümer

Klaus Schweinsberg

Zwei Wahrheiten gelten derzeit im politischen Raum, denen zu widersprechen sich so recht niemand traut. Erstens: Die Lösung für die Finanz- und Wirtschaftskrise ist ein starker Staat. Und – zweitens – der Grund für die aktuelle Krise, war zuviel, zu ungezügeltes Eigentum Privater.

Mehr Staat, weniger privates Eigentum – mit diesem Patentrezept will uns, fast parteiübergreifend, die Politik aus der aktuellen wirtschaftlichen Malaise herausführen. Diese Renaissance der Staatsgläubigkeit ist nicht nur gesellschaftlich brandgefährlich, vor allem ist die zugrundeliegende Analyse sachlich falsch. Richtig ist indes die Fokussierung auf das Thema Eigentum. Denn in der Tat ist die Frage des Privateigentums der Schlüssel zur aktuellen Krise und gleichzeitig auch der Königsweg aus der Krise heraus.

I. Der Eigentumsbegriff und die Krise

Im Zentrum der aktuellen Kritik steht die Shareholder-Value-Theorie, nach der das Gros der börsenkotierten Konzerne in den letzten Jahren gesteuert wurde. Das Oberziel jedweden unternehmerischen Handelns war die Maximierung des Börsenkurses und damit der Marktkapitalisierung. Jetzt ist zu bestaunen, dass diese Strategie genau das Gegenteil produzierte, nämlich ein dramatisches Einbrechen der Börsenkurse und damit eine massive Vernichtung von Unternehmenswerten. Selbst der ehemalige Chef von General Electric, Jack Welch, über Jahrzehnte gewissermaßen der Hohepriester des Shareholder Value, schwört dem Konzept inzwischen ab und bezeichnet es freimütig als „blödeste Idee“ der Welt.

Diese Kritik greift zu kurz. Denn gescheitert ist nicht die Shareholder Value Theorie, sondern, wie Peter May in seinem Aufsatz „Die BWL hat den Unternehmer vergessen“ (FAZ, 20. April, Seite 12) aufzeigt, eine Shareholder-Value-Theorie in dem der Shareholder, also der Inhaber, gar keine Rolle spielte. Und sich so der Manager-Value deutlich vom Shareholder-Value entkoppelte. Sichtbarster Ausdruck dieser Entkoppelung waren die Gehaltsexzesse in vielen von Managern dominierten Publikumsgesellschaften, aber auch die Kurzfristig-Orientierung der Unternehmensführung. Die fast ausschließliche Orientierung der Betriebs- und Volkswirtschaftslehre am Leitbild der Publikumsgesellschaft mit Streubesitz ist ein großes wissenschaftliches Versäumnis und eine der wesentlichen Ursachen der aktuellen Krise. Vorderhand war alles auf – einen freilich diffusen – Shareholder ausgerichtet, um den Inhaber, den Eigentümer, hat sich aber keiner gekümmert. Ja, Familienunternehmen mit dominanten Inhabern wurden in der Tradition des amerikanischen Organisationstheoretikers Alfred Chandler gar als zweitklassig, nicht weltmarktfähig belächelt.

II. Eigentum und Marktwirtschaft

Zumindest in Deutschland hätte man diese verengte Sicht vermeiden können, hätte man nochmals sorgsam bei den Vätern der Sozialen Marktwirtschaft nachgelesen. *Alfred Müller-Armack* betonte ausdrücklich die tragende und stabilisierende Rolle eigentümergeführter Unternehmen für die Volkswirtschaft. Großkonzerne und Firmenzusammenschlüsse bezeichnete er rundheraus als unerwünscht. *Walter Eucken* ging noch weiter. Er schreibt: „Jede Beschränkung der Haftung löst eine Tendenz zur Zentralverwaltungswirtschaft aus.“ Nun geht es natürlich nicht darum, Kapitalgesellschaften mit Streubesitz zu verbieten. Aber wir alle sind uns wohl einig, dass der Managerkapitalismus, wie wir ihn bei DaimlerChrysler unter Herrn *Schrempp*, bei Infineon unter Herrn *Schumacher* oder bei TUI unter Herrn *Frenzel* erlebt haben bzw. erleben, mehr mit der Selbstbedienungsmentalität in volkseigenen Betrieben zu tun hat als mit wahrem Unternehmertum. Der Kern einer funktionierenden Marktwirtschaft ist das Eigentum Privater. Gibt es keine dominanten Inhaber, dann werden die angestellten Manager dominant. Die Folgen sind bekannt.

Eigentum verpflichtet. Inzwischen fühlt sich wieder jedermann berufen, dies den Unternehmern im Lande ins Stammbuch zu schreiben. Dabei genügte ein Blick auf die Zahlen, um zu erkennen, dass Unternehmen mit dominanten Eigentümern in der Regel automatisch nachhaltiger handeln als dies in Konzernen mit Streubesitz der Fall ist. Vergleicht man beispielsweise, wie sich in den letzten fünf Jahren die größten 40 börsennotierten Unternehmen im Vergleich zu den 40 größten deutschen Familienunternehmen entwickelt haben, so stellt man fest, dass die Familienunternehmen beim Umsatz und der Mitarbeiterzahl wesentlich dynamischer wuchsen, ihre durchschnittlichen Gewinne aber „nur“ verdoppelten, während die anonymen Aktiengesellschaften ihre Gewinne verdreifachten. Heute wissen wir, woher diese Gewinnsteigerung bei den Börsenkonzernen kam. Die Manager haben oftmals bei Innovationen gespart, haben durch endlose Kostenprogramme mit angelsächsischen Namen ihre Konzerne ausgelaugt, sie letztlich geschwächt. Das Ausmaß dieser Katastrophe und unternehmerischen Fehlleistung wird besonders deutlich bei der Autoindustrie.

Der Managerkapitalismus hat seine Firmen erschöpft und ist erschöpft. Der Familienkapitalismus hingegen gewinnt an Dynamik.

III. Die Sündenfälle der Eigentümer

Wie aber passen da *Schaeffler*, *Merckle* und *Porsche* ins Bild? Diese Fälle sind tragisch, aber einfach zu erklären. Analysiert man Familienunternehmen, die über Generationen erfolgreich sind, so erkennt man rasch sehr ähnliche Verhaltensmuster, die sich letztlich in sieben Regeln für Familienunternehmen wiederspiegeln.[1] *Porsche, Merckle* und *Schaeffler* haben eklatant gegen die siebte Regel verstoßen: Solide bleiben. Insbesondere bei der Finanzierung. Die Kunst des nahezu unbegrenzten Hebels der Kreditfinanzierung ist ein verlockender Weg zur Steigerung der Kapitalrendite. Er ist aber ebenso ein nicht mehr beherrschbares unternehmerisches Risiko. Die erfolgreichen Familienunternehmen haben dies immer verstanden und mit Eigenkapitalquoten zwischen 35 und 50 Prozent operiert. Auch wenn es in den letzten Jahren zunehmend Mut erforderte gegen den allgemeinen Strom zu schwimmen. Kurzfristiger Erfolg mit Bilanz- und Finanzierungstricks mag sich für Manager mit Drei-Jahres-Verträgen auszahlen, Familienunternehmen kommen sie teuer zu stehen. Zwei Lehren ergeben sich daraus. Erstens, Unabhängigkeit kostet Geld. Und zweitens, Familienunternehmen sind in ihrer Expansion natürliche Grenzen gesetzt.

IV. Natürliche Grenzen verantwortbaren Eigentums

Bereits in den 40er Jahren wies der österreichische Staatswissenschaftler *Leopold Kohr* darauf hin, dass es natürliche Obergrenzen bei der Steuerbarkeit von Institutionen gibt, seien es nun Staaten oder Unternehmen. Schon 1951 sagte er den Zusammenbruch der Sowjetunion voraus. Und er war der geistige Vater des später geprägten Satzes „Small ist beautiful."[2]

Kohr zeigt anhand vieler Beispiele, dass Organisationen, sobald sie eine gewisse Größe überschreiten, schlechter funktionieren als kleinere Einheiten, ja richtiggehend gemeinschaftsschädigend werden. „Die Probleme einer Gesellschaft, die sich über ihre optimale Größe hinaus entwickelt, wachsen also mit der Zeit rascher als die menschliche Fähigkeit, mit ihnen fertig zu werden."

Ein bedenkliches Indiz, dass viele Konzerne durch das schnelle Wachstumstempo, das eine intensive Nutzung der Kapitalmärkte erlaubt, die Größe der Steuerbarkeit überschritten haben, sind meines Erachtens moralische Ver-

---

[1] Vgl. *Peter May*, Der Wert alter Tugenden, in: SZ v. 9. April 2009, S. 22.

[2] *Leopold Kohr*, „Small is beautiful". Ausgewählte Schriften aus dem Gesamtwerk, Wien, 1995; *ders.*, Das Ende der Großen. Zurück zum menschlichen Maß, Salzburg 2002.

fehlungen einiger Großkonzerne. Die Bahn zählt 237.000 Mitarbeiter. Ist es ein Zufall, dass ausgerechnet dieses Riesenunternehmen besonders unter Korruption leidet und wie selbstverständlich die Mitarbeiter flächendeckend mit Rasterfahndungen überzog? Siemens beschäftigt 471.000 Menschen. Ist es ein Zufall, dass dieser gigantische Konzern den wohl größten Bestechungsskandal der jüngeren Wirtschaftsgeschichte in seinen Büchern hat und selbst nicht davor zurückschreckte Gewerkschafter zu bestechen? Die Deutsche Telekom hat 242.000 Mitarbeiter. Ist es ein Zufall, dass dort auch ein Spitzelskandal bislang unbekannten Ausmasses stattfand, wo selbst Aufsichtsräte, Vorstände und Politiker überwacht wurden?

Besonders befallen von dieser Großmannssucht waren freilich die Banken. „Es herrscht der unheilvolle Drang nach Grösse, man will auf der Rangliste der Banken nach ganz oben klettern. Die allgemeine Einstellung aller Akteure, die Nummer eins sei automatisch das Beste, ist der Hauptgrund für die aktuelle Finanzkrise“, sagte der inzwischen 92jährige Grandseigneur des Schweizer Privatbankwesens, *Hans Vontobel*, neulich in einem Interview. So ist zu erklären, weshalb in den vergangenen Jahren Provinzbanken wie die Landesinstitute oder sogar einzelne Sparkassen anfingen, das Geld ihrer Kunden in hoch risikoreiche, völlig intransparente Papiere anzulegen. Man wollte auf Gedeih und Verderb in Sachen Umsatz und Ertragsstärke aufschließen zu den Großen und das weiter über die Grenzen des haftenden Eigenkapitals hinaus. Hierzu nochmals Kohr: „Vernünftig ist, was sich verantworten lässt. Verantworten lassen sich Handlungen und Entwicklungen, die überschaubar sind. Deshalb ist vernünftiges Handeln auch nur in überschaubaren Einheiten praktizierbar“.

Ein weiteres Indiz, dass die Großkonzerne die optimale Größe längst überschritten haben, ist das Ausmaß an Kriminalität, das es inzwischen dort gibt. Rein statistisch gesehen hat das Frankfurter Börsenparkett dem unweit gelegenen Rotlichtviertel längst den Rang abgelaufen. Denn gegen 18 der 30 Dax-Konzerne wurde in den zurückliegenden Jahren wegen des Verdachts auf Schmiergeld, Korruption und Kartellvergehen ermittelt. Mit einem Plus von sieben Prozent wächst die Betrügerbranche in den Teppichetagen dreimal so schnell wie bisher das Bruttoinlandsprodukt.

Die Zahl ist erschreckend. Alarmierend ist aber mit welcher Gleichgültigkeit die Verantwortlichen in den betroffenen Unternehmen damit umgehen. Selbst schwerwiegendste Gesetzesverstöße werden nicht mehr moralisch bewertet, sondern von den Top-Managern kaltschnäuzig und gesellschaftsverachtend nach ihren Kosten durchgerechnet. So war es jüngst Thyssen-Krupp gerade mal eine Randnotiz in der Quartalsmeldung wert zu erwähnen, dass dem Unternehmen von der EU eine Kartellstrafe in Höhe von 479 Millionen Euro aufgebrummt wurde, weil man mit den Wettbewerbern im Aufzugsgeschäft überhöhte Preis abgesprochen hatte, im Klartext die eigenen Kunden übers Ohr gehauen hat.

Selbst vom höchsten Repräsentanten des Unternehmens, Aufsichtsratschef Gerhard *Cromme*, kam keine Entschuldigung. Das Pikante daran: Er war damals Vorsitzender der Corporate Governance Kommission der Bundesregierung. Man versetze sich nur einmal für eine Sekunde in die Lage eines persönlich haftenden Gesellschafters, dessen Unternehmen so schwer bestraft würde und dessen Name damit verbunden wäre. Da verpflichtet Eigentum ganz konkret.

V. Too big to fail or too big to manage

Die aktuelle Situation aber zeigt, dass Politik und Öffentlichkeit aus den genannten Vorgängen entweder keine oder – schlimmer noch – die falschen Schlüsse gezogen haben. Die (Über-) Größe eines Unternehmens wird in Deutschland keinesfalls als Problem empfunden, sondern eher als unbedingte (Fort-) Existenzlegitimation. Nur so ist das dümmliche Gerede vom „too big to fail" zu erklären. In Wahrheit sind viele Unternehmen „too big to manage". Anstatt über sogenannte „systemische Unternehmen" zu diskutieren, müsste sich die Öffentlichkeit einer Diskussion stellen, welche Firmen eine optimale Größe überschritten haben und wer eigentlich haftet. Gerade die Großbanken haben mit ihren aus der Bilanz ausgelagerten Risiken auch für weite Teile der Bevölkerung spürbar gemacht, wohin ein Kapitalismus führt, in dem Eigentum nur noch eine theoretische, anonyme Größe ist, aber keinesfalls eine moralische Verpflichtung konkreter handelnden Personen.

Diese Diskussion wird es aber nicht geben, solange sich die Eigentümerunternehmer in der Öffentlichkeit weiterhin so „vornehm" zurückhalten wie bisher. Nur Inhaber können derzeit in der Öffentlichkeit glaubhaft Zeugnis geben, dass Eigentum nicht asozial ist, sondern sozial. Die Managerkaste hat sich auf Jahre hin verbrannt. Das heißt aber gleichzeitig auch: So sehr es Unternehmern auch schwer fallen mag, so sehr es ihrer natürlichen Bescheidenheit zuwider läuft, sie müssen stärker in die Öffentlichkeit gehen und zeigen, dass sie ehrbare Kaufleute sind. Sie müssen die Bevölkerung spüren lassen, dass man Firmeninhabern nicht vorschreiben muss, dass Eigentum verpflichtet, sondern dass jeder Unternehmerspross diesen Grundsatz mit der Muttermilch einsaugt. In der aktuellen Situation, wo es am dringlichsten ist, wieder Vertrauen für die Marktwirtschaft und den Kapitalismus zu gewinnen, kann das den Unternehmern niemand abnehmen. Was wir brauchen, ist kein starker Staat, sondern starke Eigentümer.

Die Politik der Wettbewerbsordnung – Die konstituierenden Prinzipien

Walter Eucken[1]

IV. Abschnitt: Das Privateigentum, S. 270–275

1. Es war ein fundamentaler Fehler der wirtschaftspolitischen Diskussion und der Wirtschaftspolitik des 19. und des beginnenden 20. Jahrhunderts, von der Ordnung des Eigentums die Lösung der sozialen und wirtschaftspolitischen Frage zu erwarten. Dadurch wurde das politische Handeln auf einen falschen Punkt gelenkt – wovon bereits die Rede war. Aber wenn auch das Grundproblem der Wirtschaftspolitik von einer ganz anderen Seite angepackt werden muß, so ist die Eigentumsfrage doch von eminenter wirtschaftspolitischer Bedeutung, nicht nur, weil Kollektiveigentum an den wesentlichen Teilen des Produktionsapparates ein überaus wirksames Beherrschungsinstrument einer Führerschicht darstellt, sondern auch weil es zwangsläufig mit zentraler Lenkung des Wirtschaftsprozesses verbunden ist, und soziale Probleme auslöst, die nicht zu bewältigen sind.

Einige Sozialtheoretiker sind freilich der Meinung, daß in einem Staat, in dem Kollektiveigentum besteht, die Wettbewerbsordnung eingebaut werden könne und solle. Die Undurchführbarkeit dieser Vorschläge wurde bereits dargelegt. Sie beruht darauf, daß der Staat kaum die Lenkung all der Anlagen, die ihm gehören, aus der Hand geben würde; zum mindesten aber die Dirigierung der Investitionen für sich in Anspruch nehmen müßte, in welchem Falle eine Zwiespältigkeit in den wirtschaftlichen Gesamtprozeß hineingetragen werden würde.

Darüber hinaus ist aber noch ein weiterer Gesichtspunkt bedeutsam. Selbst wenn der Staat sogar auf die Ausübung seiner Lenkungsmacht verzichten würde, würden die Betriebsleiter nicht so handeln wie die Unternehmer im Rahmen der Wettbewerbsordnung. Eine unabsehbare Menge von Möglichkeiten der Kombination von Produktionsmitteln besteht tagtäglich in jedem Betrieb. Die optimale Kombination dieser Produktionsmittel verlangt rasche Entscheidungen und ein dauerndes Herantasten. Wenn die Unterneh-

[1] Auszug aus: *Walter Eucken*, Grundsätze der Wirtschaftspolitik [1952], 6. durchgesehene Auflage, Mohr/Siebeck [UTB], 2004, XVI. Kapitel.

mer nicht eine gewisse Freiheitssphäre haben, in der sich die spontanen Kräfte dauernd äußern, könne sie diese schwierige, fortlaufende Anpassung nicht zureichend vornehmen.

Ein Betriebsleiter, der den Befehl erhält, sich möglichst ökonomisch zu verhalten, und der auch sonst von den vielen Befehlen der zentralen Staatsbehörden abhängt, kann die vielfältigen, sich täglich erneuernden Entscheidungen in der Anpassung an die dauernd wechselnde Lage auf den Arbeitsmärkten, auf seinen Absatzmärkten und auf den Märkten der Produktionsmittel nicht vollziehen. Die Praxis spricht von „Fingerspitzengefühl", das notwendig ist, um im Wettbewerb zu bestehen. Gerade dies kann in einer Wirtschaftsordnung, in der allgemeines Kollektiveigentum an Produktionsmitteln herrscht, und wo Beamte die Produktionsmittel verwalten, seitens der Beamten nicht zur Geltung kommen.

Somit ist die Frage, ob zur Verwirklichung der Wettbewerbsordnung Privateigentum an Produktionsmitteln erforderlich ist, zu bejahen. Die moderne Tendenz, Privateigentum an Produktionsmitteln zu beseitigen, führt immer weiter von der Wettbewerbsordnung ab. Privateigentum gehört zu den Voraussetzungen der Wettbewerbsordnung.

Das Prinzip schließt nicht aus, daß sich einzelne Betrieb in der Hand des Staates befinden, so z.B. staatliche Forstbetriebe neben privaten oder staatliche Kohlenzechen oder staatliche Banken neben privaten. Solange solche staatliche Unternehmungen sich in Wettbewerbsmärkte einordnen und die Preisbildung auf den Märkten nicht durch staatliche Subventionen an solche Werke gestört wird, sind sie in der Wettbewerbsordnung erträglich.

2. Bedeutet aber umgekehrt die Institution des Privateigentums schon die Garantie für die Durchführung einer Wettbewerbsordnung? Offenbar nicht. Denn ein Blick in die Wirklichkeit zeigt, daß das Privateigentum mit sehr verschiedenen Wirtschaftsordnungen vereinbar ist. – Wenn z.B. in einer „Eigenwirtschaft" der ganze Wirtschaftsprozeß durchgeführt wird, so ist Privateigentum etwas durchaus anderes, als wenn in einer verkehrwirtschaftlichen Ordnung der Privateigentümer eines Salzbergwerkes oder einer Eisenbahn eine Monopolstellung auf den Märkten des Salzes oder der Transportleistungen inne hat. Wiederum anders ist der Inhalt des Eigentumsrechtes, wenn Schuhfabriken, die sich in Privateigentum befinden, in Konkurrenz miteinander auf den Märkten liegen. Und ebenfalls anders, wenn Privateigentum verbunden ist mit zentralverwaltungswirtschaftlicher Lenkung z.B. der Schuhproduktion.

Noch ein konkretes Beispiel: Ein großes privates Kraftwagenwerk ist in einer kleinen Stadt der überragende, also teilmonopolistische Nachfrager nach Arbeitskräften. Hier gewährt das Privateigentum eine bedeutende Machtstellung – eben deshalb, weil der Privateigentümer nachfragender Teilmonopolist ist. Die Machtposition, der sich die Arbeiterschaft gegenüber sieht, ist noch stärker, wenn das Kraftwagenwerk, auf das sie angewiesen ist, nun in eine Zentralverwaltungswirtschaft eingespannt wird. Und zwar ist hier an einen konkreten, in Deutschland zeitweise realisierten Fall gedacht. Das Kraftwagenwerk blieb im Privateigentum, aber die Lenkung der Kraftwagenproduktion und auch der Arbeitskräfte wurde öffentlichen Planstellen übertragen. Nun waren die Arbeiter durch Dienstverpflichtung an das Werk gekettet; sie waren von den Planstellen, die den Wirtschaftsprozeß lenkten, abhängig, und zwar in einer Wirtschaftsordnung, in der zentrale Lenkung mit Privateigentum verbunden war. – Ganz anders ist die Situation, wenn in einem andern Ort zahlreiche Maschinenfabriken, Kraftwagenwerke usw. in Konkurrenz miteinander nach Arbeitern fragen und freie Arbeitsverträge geschlossen werden. Dann ist die Machtposition der Nachfrager gegenüber den Arbeitern gebrochen und der wirtschaftliche und soziale Inhalt des Privateigentums ist verändert.

Privateigentum hat also je nach der Marktform einen ganz verschiedenen Charakter; und je nachdem ändert sich die Funktion des Eigentumsrechts. Die Analyse hat gezeigt, daß Privateigentum in monopolistischen Marktformen zu schweren Schäden führt. Private Eigentümer von Fabriken oder private Konzerne, Syndikate und Arbeitgeberverbände haben, gestützt auf die Position, die Privateigentum verlieh, Macht ausgeübt, so gegen Arbeiter, Abnehmer, Konkurrenten. Diese Macht war vielfach so groß, daß die Garantien des Rechtsstaates nicht ausreichten, um sie zu begrenzen. Es war also verständlich, daß viele Kritiker der herrschenden Wirtschaftsordnung im 19. und beginnenden 20. Jahrhundert am Privateigentum an Produktionsmitteln in erster Linie Kritik übten. Diese Kritik war oft im Recht.

Es ist nötig, den Konflikt zwischen der Notwendigkeit der Institution und ihrer Problematik in aller Schärfe zu sehen. Seit etwa zwei Jahrhunderten ist man daran gewöhnt, in einseitiger Blickrichtung auf die Schäden zu achten und aus der Kritik am Privateigentum zu folgern, es solle Kollektiveigentum eingeführt werden. Schon Rousseau erklärt, daß „jedes Individuum mit all seinen Rechten in der Gesamtheit aufgehen solle“. „Jedermann muß sich gänzlich hingeben, mit allem, was drum und dran ist, sich selbst und alle seine Kräfte, zu welchen letzteren auch das Vermögen gehört, das er etwa besitzt“. Und selbst Mirabeau sprach 1789 in kritischem Sinn davon, daß „die Mitglieder der besitzenden Klassen die Agenten oder Gesellschafter des Wirtschaftskörpers“ seien. Wenn später Marx gegen das „kapitalistische Eigentum an Produktionsmitteln“ ganz allgemein den Vorwurf der Ausbeutung erhob, so übersah er dabei – was nicht übersehen werden darf -, daß Privateigentum je nach der Marktform ganz Verschiedenes bedeutet. Die wesentliche Frage ist, ob sich Marktformen und Geldsysteme realisieren lassen, in denen „Ausbeutung“ unmöglich ist, die mithin nicht zur Vermachtung führen und in denen der Gesamtprozeß ins Gleichgewicht gebracht wird. Anders ausgedrückt: wie kann Privateigentum zu einem ökonomisch und sozialbrauchbaren Instrument des Ordnungsaufbaus werden?

3. Zur Lösung dieser dringenden Frage ist es notwendig, sich klarzumachen, welchen Inhalt der Begriff des Privateigentums haben muß, wenn es seinen volkswirtschaftlichen Sinn erfüllen soll. In der Wettbewerbswirtschaft „gleicht das Preissystem einer Radioanlage: auf der einen Seite sprechen Tausende von kaufkräftigen Nachfragern ihre Wünsche in das Mikrophon. Auf der anderen Seite erhalten Tausenden von Eigentümern an Betrieben gültige Ratschläge, wie sie privatwirtschaftlich ihr Eigentumsrecht günstig ausüben können. Aber ohne es selbst zu wissen, erhalten sie damit zugleich Weisung, wie sie es auch volkswirtschaftlich richtig auszuüben haben. Der Privateigentümer wird seine Entscheidungen sowohl bezüglich der Produktionsrichtung und der Wahl des Produktionsverfahrens wie auch hinsichtlich des Umfangs der Produktion nach diesen Weisungen treffen. Gelingt es ihm nicht, wenigstens auf die Dauer eine durchschnittliche Dispositionsleistung herbeizuführen, so entzieht ihm der Mechanismus der vollständigen Konkurrenz unerbittlich seine Verfügungsmandate über die Produktionsmittel.

Privateigentum bei vollständiger Konkurrenz bedeutet somit:
a) Verfügungsmacht und Verfügungsfreiheit im Dienste der Volkswirtschaft;
b) Ohnmacht, die Verfügungsmacht und Freiheit der anderen Eigentümer zu Lasten der Gesamtheit einzuschränken.

Im Zustande vollständiger Konkurrenz besteht zwischen den Privateigentümern der Betriebe Gleichgewicht wirtschaftlicher Machtverteilung.

Das gilt aber nur, insoweit der Charakter des Privateigentums wirklich wettbewerbskonform ist. Es gilt nicht, wenn angebots- und nachfragemonopolistische Gebilde in all ihren verschiedenen Ausprägungen entstehen. Denn solche Machtgebilde verfälschen den volkswirtschaftlichen Sinn des Privateigentums und führen als den Intentionen des Gesamtsystems widersprechend zu schweren Schädigungen des Wirtschaftsprozesses. Dann wirkt das Privateigentum in der Tat unsozial.

Nur im Rahmen der Wettbewerbsordnung gilt der vielgenannte Satz, daß Privateigentum nicht nur dem Eigentümer, sondern auch dem Nichteigentümer Nutzen bringe. Das tut es in der Tat durch die große ökonomische Effizienz der Wettbewerbsordnung und dadurch, daß die verschiedenen Privateigentümer miteinander konkurrieren, die Arbeitsuchenden mehrere Chancen vor sich sehen und nicht etwa einseitig abhängig sind.

Wie also Privateigentum an Produktionsmitteln eine Voraussetzung der Wettbewerbsordnung ist, so ist die Wettbewerbsordnung eine Voraussetzung dafür, daß das Privateigentum an Produktionsmitteln nicht zu wirtschaftlichen und sozialen Mißständen führt. Das Privateigentum an Produktionsmitteln bedarf der Kontrolle durch die Konkurrenz. – An dieser Stelle ist die

Interdependenz aller wirtschaftspolitischen Maßnahmen besonders wichtig. Werden die anderen Prinzipien, deren Anwendung die Realisierung der Wettbewerbsordnung bewirkt, tatsächlich befolgt, so hat das Privateigentum an Produktionsmitteln und die freie Verfügung darüber eine eminente ordnungspolitische und soziale Funktion. Wenn aber die anderen Prinzipien nicht beachtet werden und wenn Monopole entstehen, wenn also die Kontrolle der Konkurrenz fehlt, muß die Verfügungsmacht über das Privateigentum beschränkt werden.

4. Es liegt nahe, den Zusammenhang der Eigentumsordnung mit anderen menschlichen Ordnungen zu analysieren, z.B. mit der Gesellschaftsordnung oder der staatlichen Ordnung. Stets würde sich dabei zeigen, daß Privateigentum eine unabdingbare Voraussetzung dafür ist, daß eine private Freiheitssphäre gewahrt bleibt. Wenn allgemein Kollektiveigentum an Produktionsmitteln herrscht, so ist eine überragende, die menschliche Freiheit erdrückende wirtschaftliche Macht gegenüber dem einzelnen aufgerichtet. Diese Abhängigkeit hat zur Folge, daß auch die Position des einzelnen in der Gesellschaftsordnung klein und unselbständig wird. Ebenso im Staat. Sowohl die beherrschenden Menschen als auch die Funktionäre und Beamte entbehren der Selbständigkeit.

Von einer besonderen Seite aus zeigt sich hier, welche Stellung die Wettbewerbsordnung in der Interdependenz der Ordnungen einnimmt. Nur die Wettbewerbsordnung macht im Rahmen der modernen industrialisierten Wirtschaft das Privateigentum auf Dauer erträglich. Aber das Privateigentum ist wiederum eine Voraussetzung für eine freie Staats- und Gesellschaftsordnung.

V. Abschnitt: Vertragsfreiheit, S. 275–279

1. Vertragsfreiheit ist offensichtlich eine Voraussetzung für das Zustandekommen der Konkurrenz. Wenn die einzelnen Haushalte und Betriebe nicht selbst wählen, nicht die Möglichkeiten prüfen und danach Verträge abschließen können, wenn sie Befehle durchführen oder Zuteilungen in Empfang nehmen, kann Konkurrenz nicht entstehen. – Aber Vertragsfreiheit hat auch dazu gedient, um Konkurrenz zu beseitigen, um monopolistische Positionen herzustellen oder auch um sie zu sichern und auszunutzen. Leiter von Monopolen berufen sich oft auf die rechtlich garantierte Vertragsfreiheit und auf die Befugnisse, die sie ihnen gewährt.

Wie steht es also mit der Vertragsfreiheit? Ist sie für die Verwirklichung der Wettbewerbsordnung notwendig? In welcher Form? Oder ist sie entbehrlich?

Wiederum sind die Tatsachen der Wirtschaft und der Wirtschaftspolitik zu befragen. Aus ihnen wird hervorgehen:

Erstens, daß die Vertragsfreiheit sowohl konkurrenzfördernd als auch konkurrenzvernichtend wirkte (2) und zweitens, daß Vertragsfreiheit faktisch je nach den Wirtschaftsformen durchaus Verschiedenes bedeutete (3). Hieraus resultiert die Antwort auf die gestellten Fragen (4).

2. Die großen Reformen des ausgehenden 18. und beginnenden 19. Jahrhunderts, welche die Vertragsfreiheit weitgehend durchsetzten, haben das Element der Konkurrenz in den Wirtschaftsordnungen wesentlich verstärkt. Als in dieser Zeit die zahllosen Zwangsarbeitsverpflichtungen, die Zunftverfassungen mit ihren Beschränkungen der Vertragsfreiheit, die Verbote freien Grunderwerbs, die staatlichen oder städtischen Preisfixierungen fielen, konnte sich der Leistungswettbewerb durchsetzen. Solange z.B. die Bauern einer Gegend verpflichtet waren, in einer bestimmten Mühle ihr Getreide zu festgesetzten Preisen mahlen zu lassen, konnte sich zwischen den Mühlen Konkurrenz nicht entwickeln. Sie entstand erst mit der Gewährung der Vertragsfreiheit.

Aber schon frühzeitig wurden auch Tatbestände sichtbar, in denen die Vertragsfreiheit in Widerspruch mit der Konkurrenz geriet.

Da zeigte sich z.B., daß Kleinbauern, die vom Zwangsdienst befreit wurden und die freie Arbeitsverträge schließen konnten, faktisch doch nicht frei waren. Sie waren auf einen Großgrundbesitzer der Gegend angewiesen, der ein Nachfragemonopol nach Landarbeitern besaß. Und die soziale Lage der Bauern hatte sich – früheren Zeiten gegenüber – nur wenig geändert. Konkurrenz war auf dem Arbeitsmarkt nur sehr einseitig hergestellt: nämlich Konkurrenz der Kleinbauern um die Arbeitsplätze im Großbetrieb. Aber der Großbetrieb besaß auf dem Arbeitsmarkt ein Nachfragemonopol und konnte Löhne und Arbeitsbedingungen einseitig festsetzen. Trotz Vertragsfreiheit also Überlegenheit und Übermacht der einen Marktseite, die nicht durch Konkurrenz anderer Nachfrager kontrolliert wurde. Ähnliche Lagen ergaben sich in vielen Industriebetrieben, und die große soziale Not zahlreicher Fabrikarbeiter in der Zeit beginnender Industrialisierung entstand auf diese Weise – trotz Vertragsfreiheit. (Die Sozialpolitiker sahen sich vor ein zwiespältig-schwieriges Problem gestellt. Beseitigung der Vertragsfreiheit und Wiedereinführung der alten Bindungen waren undurchführbar und hätten faktisch eine Verschlechterung gebracht. Aber auch die Beibehaltung der vollen Vertragsfreiheit erschien bedenklich, weil unter ihrer Geltung Mißstände entstanden waren).

In vielen Fällen wurde also die Vertragsfreiheit in der Hand privater Macht etwas anderes, als man früher erwartet hatte. Es erwies sich, daß Vertragsfreiheit keineswegs Konkurrenz auf beiden Marktseiten herstellen muß und daß dann Vertragsfreiheit nur formal gilt.

Darüber hinaus wurde aber die Vertragsfreiheit sogar dazu benutzt, um Konkurrenz zu beseitigen, z.B. zur Gründung von Kartellen und anderen monopolistischen Verbänden. Das Prinzip der Vertragsfreiheit führt damit zu einer Aufhebung des Grundprinzips der Wettbewerbsordnung. Im Zeitalter des Laissez-faire ist die Gesetzgebung – wie schon früher erwähnt, in keiner Weise dazu fähig gewesen, mit diesem großen Problem fertig zu werden. Wir erinnern an das Wort von Heckscher, daß „der Liberalismus sich niemals klar entschieden hat für freie Konkurrenz à tout prix gegen Vertragsfreiheit à tout prix oder für diese gegen jene". Die Wirtschaftspolitik des Laissez-faire gewährte eben den Privaten die Freiheit, durch Verträge die Formen, in denen der Wirtschaftsprozeß abläuft, nach Belieben, d.h. ohne Rücksicht auf irgendeine wirtschaftsverfassungsrechtliche Grundentscheidung, zu gestalten.

3. Damit berühren wir bereits die andere Fragestellung, die das Gegenstück der ersten Frage darstellt: Wie beeinflußt die Gestalt der Wirtschaftsordnung den Inhalt des Rechtes auf Vertragsfreiheit?

Einige Fälle: Ein Wohnungsamt weist einem Mieter eine bestimmte Wohnung zu und ordnet an, daß der Hausbesitzer mit dem Mieter einen Vertrag abschließt, wobei die Miete behördlich festgesetzt wird. – Ein Kohlensyndikat, das einen Markt beherrscht, verkauft auf Grund seiner autonom festgesetzten Geschäftsbedingungen Kohlen an einen Händler, der sich verpflichtet, sie zu Preisen weiter zu verkaufen, welche das Syndikat festsetzt. – Ein Stahlwarenhändler entscheidet sich auf Grund zahlreicher Angebote und in Konkurrenz mit anderen Händlern, gewisse Stahlwaren zu Preisen, die er aushandelt, von einigen Firmen zu kaufen und schließt darüber Verträge ab.

In allen drei Fällen gilt das gleiche Vertragsrecht, z.B. das Recht des deutschen BGB. Im ersten Falle wird durch den „Vertrag" nur die „Verfügung" des zentralverwaltungswirtschaftlichen Wohnungsamtes durchgeführt. Vertragsfreiheit in der Wahl des Vertragspartners und in der Festlegung der Vertragsbedingungen fehlt. – Im zweiten Fall wird der Vertrag ohne Anweisung einer behördlichen Stelle geschlossen. Aber der Vertrag ist diktiert. Der Kohlenhändler ist weder in der Wahl des Vertragspartners frei, noch kann er Preise und Bedingungen bei Kauf und Weiterverkauf der Kohle aushandeln. Er ist sogar genötigt, die allgemeinen Geschäftsbedingungen des Syndikates zu akzeptieren, die staatlich gesetztes Recht beschränken oder ausschalten. Der Händler ist von einem Angebotsmonopolisten abhängig; der diktierte Vertrag dieser Art ähnelt der „Verfügung". – Nur im dritten Fall besteht Vertragsfreiheit nicht nur formal, sondern auch real. Denn die vollständige Konkurrenz stellt eine Art des Gleichgewichtes auf den Märkten her, welche die freie Wahl des Vertragspartners und das Aushandeln der Vertragsbedingungen ermöglicht.

Daraus folgt: Soweit die zentralverwaltungswirtschaftliche Ordnungsform besteht, lenken Verfügungen der Zentralstelle und nicht Verträge den alltäglichen Wirtschaftsprozeß, und zwar auch dann, wenn in dem Lande ein freies Vertragsrecht in Kraft ist. Soweit aber verkehrswirtschaftliche Ordnungsformen realisiert sind, regulieren zwar Verträge den wirtschaftlichen Alltag, d.h. den Strom der Waren und Leistungen. Aber die Verträge tragen je nach der Marktform sehr verschiedenen Charakter. Zum Beispiel im Angebotsmonopol einen ganz anderen als in der vollständigen Konkurrenz.

Wieder ist der Inhalt einer Rechtsinstitution von der Form abhängig, in der gewirtschaftet wird. Wir fanden dies beim Eigentumsrecht und finden es jetzt beim Vertragsrecht. (Dabei wird freilich die Wirtschaftform auch von der Rechtspolitik bestimmt, so daß eine gegenseitige Abhängigkeit besteht).

4. Aus den Erfahrungen (2 und 3) geht hervor, ob Vertragsfreiheit zu bestehen hat und wie sie gestaltet sein muß, um die Wettbewerbsordnung zu konstituieren.

Erstens: Sie ist unentbehrlich. Ohne freie individuelle Verträge, die aus den Wirtschaftsplänen der Haushalte und Betriebe hervorgehen, ist eine Lenkung des alltäglichen Wirtschaftsprozesses durch vollständige Konkurrenz nicht möglich. Die Lenkung des Wirtschaftsprozesses durch „Verfügungen" – etwa durch Dienstverpflichtungen, Zuteilungen, Produktionsanweisungen, Beschlagnahmen – schließt eine Lenkung durch vollständige Konkurrenz aus.

Zweitens: Zugleich sind die Grenzen sichtbar geworden, die gezogen werden müssen, damit die Vertragsfreiheit der Konstituierung der Wettbewerbsordnung dient:

a) Vertragsfreiheit darf nicht zu dem Zweck gewährt werden, um Verträge zu schließen, welche die Vertragsfreiheit beschränken oder beseitigen. Vertragsfreiheit sollte nicht dazu benutzt werden, um Monopole zu bilden oder um die Position von Monopolen zu festigen. Monopole beseitigen die freie Wahl des Tauschpartners und machen Dritte vom Willen des Monopols abhängig.

Kartelle berufen sich zu Unrecht auf Vertragsfreiheit, die nicht dazu gebraucht werden darf, um Formen zu schaffen, welche Freiheit und vollständige Konkurrenz ausscheiden. Dem einzelnen Interessenten darf es nicht erlaubt sein, Wirtschaftsformen herzustellen, welche der wirtschaftsverfassungsrechtlichen Grundentscheidung zuwiderlaufen.

b)Vertragsfreiheit sollte aber auch im Wirtschaftsprozeß nur da gewährt werden, wo vollständige Konkurrenz vorhanden ist. Man erinnert sich an unser Beispiel vom monopolistisch nachfragenden Gutsbetrieb, vom Kohlensyndikat und – als Gegenstück – vom Stahlwarenhandel. Vertragsfreiheit im Falle des Angebots- oder Nachfragemonopols führt zu diktierten Verträgen und nicht zu der angestrebten Lenkung des wirtschaftlichen Gesamtprozesses. Es fehlt der Kontrollmechanismus der vollständigen Konkurrenz. Deshalb ist hier eine andere Kontrolle geboten: nämlich die staatliche Monopolkontrolle, der Kontrahierungszwang und die Festlegung der Preise und allgemeinen Geschäftsbedingungen durch ein Monopolamt. Darüber haben wir im nächsten Kapitel unter I. zu berichten.

Das Prinzip der Vertragsfreiheit ist der Wettbewerbsordnung zuzuordnen. Es trägt zur Konstituierung der Wettbewerbsordnung bei und erhält – umgekehrt – im Rahmen der Wettbewerbsordnung seinen eigentlichen Sinn. Aber es darf nicht die Funktion erhalten, die Wettbewerbsordnung durch Bildung wirtschaftlicher Machtkörper zu sprengen oder die Ausübung wirtschaftlicher Macht und Machtmißbrauch zu schützen.

VI. Abschnitt: Haftung, S. 279–285

1. Wer den Nutzen hat, muß auch den Schaden tragen. Schon im älteren Recht war dieser Grundsatz entscheidend für die Regelung der Haftung, also für die Zugriffsmöglichkeit in das Vermögen des Schuldners. Er galt auch zu Beginn der Industrialisierung noch weitgehend. – Doch nun begann eine Ära zunehmender Haftungsbeschränkungen. So suchen die allgemeinen Geschäftsbedingungen der Verbände meist die Haftung ihrer Mitglieder zu verringern, und im Gesellschaftsrecht stellte die Rechtsordnung Gesellschaftsformen mit beschränkter Haftung, z.B. in der Aktiengesellschaft und in der GmbH. zur Verfügung, von denen ausgiebig Gebrauch gemacht wurde. Heute stoßen Haushalte und Betriebe fortwährend auf Haftungsbeschränkungen: Wenn wir z.B. eine Bahn benutzen oder mit einem Bankinstitut arbeiten, wenn ein Betrieb eine Maschine kauft oder wenn er eine Forderung gegen eine GmbH geltend macht. Der Raum der Haftung hat sich in den Epochen des späten Laissez-faire und der Experimente wesentlich verkleinert. – Nunmehr zwingt das Nebeneinander von beschränkter und unbeschränkter Haftung zu den Fragen: Welchen Sinn hat eigentlich die Haftung? Wann ist unbeschränkte Haftung geboten und wann Haftungsbeschränkung?

2. Die Funktion auch dieses Rechtsinstitutes hängt von der Wirtschaftsordnung ab; von der Wirtschaftsordnung, die in concreto gegeben ist oder – wenn es sich um die Wirtschaftspolitik handelt – von der Ordnung, die verwirklicht werden soll. Es ist also eine wirtschaftsverfassungsrechtliche Frage, die früher nicht gestellt wurde, der aber jetzt nicht mehr ausgewichen werden kann.

Die Haftung hat im Aufbau der wirtschaftlichen Gesamtordnung große Funktionen, wenn die Gesamtordnung eine Wettbewerbsordnung sein soll. Dann soll sie die Auslese der Betriebe und leitenden Persönlichkeiten ermöglichen oder erleichtern. Sie soll weiter bewirken, daß die Disposition des Kapitals vorsichtig erfolgt. Investitionen werden um so sorgfältiger gemacht, je mehr der Verantwortliche für diese Investitionen haftet. Die Haftung wirkt insofern also prophylaktisch gegen eine Verschleuderung von Kapital und zwingt dazu, die Märkte vorsichtig abzutasten. Ferner ist die Haftung für die

Wettbewerbsordnung deshalb wichtig, weil sie die Angliederung anderer Unternehmen, die etwa aus Machtstreben erfolgt, behindert. Die Kostenrechnung wird maßgebend. Wenn man für ein neugekauftes Unternehmen vollständig haftet, so wird man sich genau überlegen, ob man das Unternehmen kaufen soll. Anders aber, wenn keine volle Haftung besteht und man sich die Herrschaft über das Unternehmen hinter dem Schutzschild der Haftungsbeschränkung beschaffen kann. Haftungsbeschränkende Gesellschaftsformen haben in hohem Maße dazu beigetragen, daß sich Konzerne bildeten. Möglichst universale Geltung der Haftung wirkt also gegen die Konzentration. – Die Haftung trägt dazu bei, die Wettbewerbsordnung zu konstituieren und systemfremde Marktformen nicht entstehen zu lassen. Und zugleich ist die Haftung notwendig, um den Wettbewerb der Leistung innerhalb der Wettbewerbsordnung funktionsfähig zu machen. Beide Auswirkungen sind von Bedeutung. Die Wettbewerbsordnung kann ohne persönliche Verantwortung der einzelnen ebensowenig funktionsfähig werden wie beim Fehlen ausreichender Marktformen oder Geldordnungen.

In der vollständigen Konkurrenz wird bekanntlich der Wirtschaftsprozeß auf die Nachfrage der Einkommensbezieher ausgerichtet, und zwar so, daß sich die Anbieter an Konkurrenzpreisen orientieren. Haftung gehört zur Lenkungsmechanik der vollständigen Konkurrenz. Sie ist ein unentbehrliches ordnungspolitisches Institut der Wettbewerbsordnung. Denn die Wettbewerbsordnung setzt voraus, „daß der Weg zur Rentabilität nur über eine äquivalente wirtschaftliche Leistung führt, während gleichzeitig dafür gesorgt sein muß, daß eine Fehlleistung ihre unerbittliche Sühne in Verlusten und schließlich durch den Konkurs im Ausscheiden aus der Reihe der für die Produktion Verantwortlichen findet. Einkommenserschleichungen (ohne entsprechende Leistung) und ungesühnte Fehlleistungen (durch Abwälzung des Verlustes auf andere Schultern) müssen in gleicher Weise verhindert werden" (W. Röpke). Für die Wettbewerbsordnung hat also das Prinzip zu gelten: Wer für Pläne und Handlungen der Unternehmen (Betriebe) und Haushalte verantwortlich ist, haftet (Haftungsprinzip).

Haftungsbeschränkungen sind danach, z.B. im Gesellschaftsrecht der Wettbewerbsordnung, nur dort zulässig, wo ein Kapitalgeber nicht oder nur begrenzt für die Geschäftsführung verantwortlich ist: etwa der Kleinaktionär oder der Kommanditist. Wenn aber im Konzern die abhängige juristische Person allein haftet, während die herrschende Person die wesentlichen Entscheidungen trifft, so ist diese Haftungsbeschränkung mit der Wettbewerbsordnung unvereinbar. Der verantwortliche Planträger hat die Haftung abgewälzt. – In einer Wettbewerbsordnung haftet also hier die herrschende Person.

3. Die faktische Entwicklung der Haftungsregelung während der letzten Jahrzehnte war inkonsequent. Den Unternehmern wurde zunehmend die Möglichkeit geboten, sich – z.B. durch Anwendung geeigneter Gesellschafts-

formen und durch die allgemeinen Geschäftsbedingungen – der Haftung zu entziehen. Dadurch wurde die Konzentration gefördert und die Funktionsfähigkeit des Preissystems beeinträchtigt. Die Auslesemethode und Kontrolle durch Haftung wurde zurückgedrängt – ohne Ersatz. So geriet die Lenkung des Wirtschaftsprozesses immer mehr in die Hand einer Schicht von Direktoren und Funktionären, die weder Eigentümer sind noch von zentralen Verwaltungsstellen kontrolliert werden. Oder aber in der Hand von Männern, die z.B. als Mehrheitsaktionäre mehrere oder viele Kapitalgesellschaften beherrschen, selbst aber kaum erkennbar sind und so eine anonyme Macht darstellen.

Daß diejenigen, die für die Lenkung des Wirtschaftsprozesses maßgebend sind, nicht haften, geschah auch in anderer Weise: Dann nämlich, wenn zentrale Planstellen Anweisungen an die Betriebe geben und diese Betriebe sich in Privateigentum befinden. Hier ist die Aufrechterhaltung der Haftung sinnlos. Denn bei zentraler Leitung der Wirtschaft findet eine andere personale Auslese statt, und die Lenkung der Investitionen erfolgt nicht durch die Betriebsleiter, sondern durch die Funktionäre der zentralen Planstellen, welche die Befehle geben. Der Konkurs hat hier keine Funktion. Staatliche Planstellen ordnen an, daß alle Landwirte einen Teil ihrer Wiesen umzubrechen und mit Getreide zu bebauen hätten. Später stellt sich heraus, daß die Verringerung der Wiesenfläche und des Viehes ein Fehler war und daß Brotgetreide im Preis herabgesetzt werden muß, um es unterzubringen. Solche und ähnliche Fälle gibt es in Wirtschaftsordnungen, die Privateigentum mit zentralverwaltungswirtschaftlicher Lenkung verbinden, sehr oft: so z.B. in Deutschland zwischen 1936 und 1948. Die Anordnungen ergingen von zentralen Planstellen, die Risiken trugen die Betriebe. Auch diese Spaltung führt zu Plänen und Anweisungen, die nicht mit der nötigen Sorgfalt aufgestellt und erlassen werden – eben weil die Verantwortlichen dafür nicht haften.

Beide Methoden der Spaltung von Lenkungsbefugnis und Haftung haben sich nicht bewährt. Sie konnten sich nur entwickeln, weil man die gesamtwirtschaftliche Funktion der Haftung verkannte. – Der Zustand der Spaltung, der auf Dauer unerträglich ist, kann nur durch Ausbau der Haftung überwunden werden – es sei denn, man will dem Kollektiveigentum mit zentralverwaltungswirtschaftlichen Lenkungsmethoden Vorschub leisten.

4. Bei der Verwirklichung dieses Prinzips entstehen vielartige Probleme. So für das Konkursrecht. Ebenso für das Gesellschaftsrecht, das als Glied der Wirtschaftsverfassung behandelt werden sollte.

a) Als das moderne Aktienrecht im 19. Jahrhundert ausgebaut wurde, sollte die Aktiengesellschaft dazu dienen, größere Investitionen in Eisenbahnen, Banken usw. durch Sammlung vieler Kapitalsplitter zu ermöglichen. Die Haftungsbeschränkung auf die Aktie war erforderlich, um diese Kapitalien heranzuziehen, und sie war wenig bedenklich, weil die einzelnen Aktionäre nur einen geringen Einfluß auf die Leitung besaßen. Heute wird die Aktie in dieser Weise auch noch gebraucht. Daneben hat sie aber eine ganz andere Funktion erhalten: nämlich die der Beherrschung. Sobald die Beherrschung durch einzelne Personen oder durch Gesellschaften gegeben ist, liegt ein neuer, vom früheren Gesetzgeber nicht gekannter Tatbestand vor. Auch für die Beschränkung der Haftung besteht kein Grund mehr. – Gegenüber der modernen Tendenz zur Haftungsbeschränkung ist es notwendig, daß Gesellschafter, die eine größere Beteiligung an einer Kapitalgesellschaft besitzen, für die Schulden dieser Gesellschaft haften. Im Falle einer größeren Beteiligung ist also die Haftung der herrschenden Kapitalgesellschaft und auch des herrschenden Einzelunternehmers oder der herrschenden Personalgesellschaft für die Schulden der beherrschten Kapitalgesellschaft vorzusehen.

Hierdurch wird nicht verhindert, daß kostensparende Zusammenschlüsse von Betrieben stattfinden, so z.B. daß ein Hüttenwerk eine Kohlenzeche kauft oder eine Maschinenbauanstalt eine Gießerei usw. Aber diese Zusammenschlüsse führen zu einem einheitlichen, mehrbetrieblichen Unternehmen, so daß das angegliederte Werk zu einer Abteilung der übernehmenden Firma wird, die voll haftet. Und zwar auch dann, wenn das beherrschende Unternehmen oder die beherrschende Person nur ein größeres Aktienpaket übernimmt. Bei voller Haftung schließt die Angliederung von Unternehmen oder Betrieben ein weit größeres Risiko in sich als bisher, und der Anreiz zur Verschachtelung und Konzernbildung wird wesentlich vermindert. Die prophylaktische Wirkung dieser Haftung wäre sehr stark. (es wäre also etwa das deutsche Aktiengesetz von 1937 so zu ändern, daß herrschende Unternehmungen im Sinne des § 15, Absatz 2 des Aktiengesetzes für die Verbindlichkeiten der von ihnen abhängigen Unternehmen haften.) Eine abhängige juristische Person, die faktisch nur eine Filiale darstellt, sollte auch rechtlich als Filiale der herrschenden Firma behandelt werden. Daß ein Konzern, der faktisch ein einheitlich geleitetes Unternehmen ist, in viele juristische Personen zerfällt, erweist sich als unerträglich.

Dem Gedanken der konzernrechtlichen Haftung ist entgegengehalten worden, daß der „Grundsatz der rechtlichen Selbständigkeit der zu einem Konzern gehörenden Unternehmungen nicht angetastet werden dürfe, wolle man nicht jeden Halt verlieren und einen wichtigen Grundsatz aufgeben, der sich auf andere Rechtsgebiete auswirkt“). Hierbei fällt zunächst auf, daß im Steuerrecht solche Skrupel nicht bestanden. Bekanntlich hat sich dort die Organtheorie durchgesetzt, nach der eine Gesellschaft, die praktisch nur eine Filiale der herrschenden Gesellschaft ist, auch rechtlich als solche behandelt wird, so daß der Konzern gewisse Vorzüge, z.B. bei der Umsatzsteuer genießt. Das eine Mal freilich – nämlich im Falle der Haftung – würde durch die rechtspolitische Erfassung der Konzerneinheit die Existenz von Konzernen erschwert oder bedroht; im anderen, steuerrechtlichen Falle wurde sie erleichtert. Auch hier läßt sich erkennen, wie stark Interessenten die Wirtschaftspolitik beeinflussen. Aber nicht nur dies ist interessant. Darüber hinaus macht die kritisierte Argumentation deutlich, daß der Zentralpunkt nicht erkannt wurde, an dem die Umgestaltung des Gesellschaftsrechtes einzusetzen hat: Er liegt im Ausbau der Haftung.

b) Aus dem allgemeinen Prinzip der Haftung ergibt sich auch, ob und wie weit die Erfolgshaftung für den Vorstand einer Aktiengesellschaft geboten ist.

So weit ist sie notwendig, als der Vorstand mit seinen Plänen und Entscheidungen für die Lenkung des Wirtschaftsprozesses verantwortlich ist. Der Einwand, daß Direktoren und Generaldirektoren oft vermögenslos sind, ihre Haftung also wenig bedeutet, hat kein großes Gewicht. Deshalb nicht, weil faktisch das persönliche Vermögen oft nicht so klein ist, um nicht für den Gläubiger gegebenenfalls sehr ins Gewicht zu fallen; wenn es aber wirklich klein ist, so bewirkt die Erfolgshaftung trotzdem ein anderes persönliches Einstehen in der Wirtschaftsführung der Betriebe. Ist aber der Vorstand unselbständig und ist er im wesentlichen nur Vollstrecker der Anweisungen, die etwa ein Mehrheitsaktionär gibt, dann haftet nicht der Vorstand, sondern der Beherrscher der Gesellschaft selbst. Die beiden Fälle, von denen die Rede war, werden durch das Haftungsprinzip gefaßt. In einer Aktiengesellschaft, in welcher der Aktienbesitz zersplittert und in der der Vorstand allmächtig ist, haftet der Vorstand. Wo aber der Vorstand ganz von den Plänen und Anweisungen eines Mehrheitsaktionärs abhängt, haftet der Mehrheitsaktionär.

c) Sehr problematisch ist die Gesellschaftsform der Gesellschaft mit beschränkter Haftung. – Mit ihr wollte der Gesetzgeber die „Vergünstigung der Haftungsbeschränkung" auch den kleinen und mittleren Unternehmen zugute kommen lassen. Er fand damit starke Resonanz, und die Rechtsform der GmbH wurde viel angewandt – freilich auch zu Zwecken, an die der Gesetzgeber nicht gedacht hatte.

Demgegenüber gilt: Daß die Interessenten Haftungsbeschränkung als eine Vergünstigung ansehen, ist verständlich. Es ist z.B. für eine Maschinenfabrik verlockend, durch Ausbau der Geschäftsbedingungen die Haftung bei der Lieferung von Maschinen zu beschränken oder eine Gesellschaftsform zu wählen, die den Zugriff der Gläubiger auf das Vermögen begrenzt. Das Streben nach Haftungsbeschränkung ähnelt dem universalen Streben zur Monopolsituation, das stets lebendig ist. Beide gehören in der modernen Wirtschaft nahe zusammen. Wenn die genannte Maschinenfabrik durch Patente oder Kartellabreden auch noch Monopolstellung erreicht, so ist sie doppelt gesichert. Beschränkte Haftung und Monopolsituation bedeuten Stillegung zweier wesentlicher Kontrollen: Im Schutz von Monopolpreisen, im Schutz beschränkter Haftung für Mängel der gelieferten Waren usw. und weiter im Schutz einer Gesellschaftsform mit beschränkter Haftung ist ein hohes Maß von Sicherheit für die Firma gegeben.

Aber gerade in diesen beiden Punkten geraten Selbstinteresse der Firmen und Gemeinwohl miteinander in Konflikt. Wie durch Monopolbildung, so werden durch Haftungsbeschränkung die Spielregeln so verändert, daß der Wirtschaftsprozeß der Verkehrswirtschaft nicht mehr voll funktioniert. Beide greifen in den allgemeinen Geschäftsbedingungen nicht selten ineinander, indem monopolistische Organisationen die Haftung ihrer Mitglieder beschränken. Gerade weil es darauf ankommt, ein Rahmenwerk herzustellen, in dem die Firmen bei freier Planung sich zweckmäßig in den gesamten alltäglichen Produktions- und Verteilungsprozeß eingliedern, muß dafür gesorgt werden, daß sie nicht den Aufbau eines solchen Rahmenwerkes verhindern. Dies aber geschah durch die Zunahme der Haftungsbeschränkungen.

5. Die „Entpersönlichung“ der modernen Wirtschaft und Gesellschaft wird oft und mit Recht beklagt. Aber auch hier gilt, daß die Wirtschafts- und Rechtspolitik selbst Bedingungen herstellten, die dazu beitrugen, diese Entpersönlichung herbeizuführen. So durch Ausdehnung der Haftungsbeschränkung. Es ist möglich, diesen Zustand bis zu einem gewissen Grad zu ändern. Wenn z.B. der Arbeiter oder Kreditgeber oder Käufer oder Verkäufer mit dem Leiter einer Firma verhandelt und abschließt, der mit seiner Person voll für jede Abmachung eintritt und mit seinem eigenen Vermögen haftet, so findet ein Verkehr zwischen Menschen statt. Im entgegengesetzten Fall aber verharrt man in der Sphäre der Abstraktion mit ihren schädlichen Folgen.

Haftung ist nicht nur eine Voraussetzung für die Wirtschaftsordnung des Wettbewerbes, sondern überhaupt für eine Gesellschaftsordnung, in der Freiheit und Selbstverantwortung herrschen. Volle Klarheit muß vor allem über eines bestehen: Jede Beschränkung der Haftung löst eine Tendenz zur Zentralverwaltungswirtschaft aus.

Autorenverzeichnis

Otto Depenheuer, Dr. iur., Professor. Ab 1993 Lehrstuhl für Öffentliches Recht und Rechtsphilosophie an der Universität Mannheim. Seit 1999 Inhaber des Lehrstuhls für Allgemeine Staatslehre, Öffentliches Recht und Rechtsphilosophie sowie Direktor des Seminars für Staatsphilosophie und Rechtspolitik der Universität zu Köln. Veröffentlichungen (u.a.): Der Wortlaut als Grenze (1988); Solidarität im Verfassungsstaat. Grundlegung einer normativen Theorie der Verteilung (1992); Öffentlichkeit und Vertraulichkeit, 2001; Politik und Geld, 2001; Selbstdarstellung des Staates, 2002; Bericht zur Lage des Eigentums, 2002; Recht und Tabu, 2003; Staatskalokagathie, 2005; Recht und Lüge (2005); Mythos und Recht (2009). Zahlreiche Veröffentlichungen vorwiegend zur Verfassungs- und Demokratietheorie sowie zum Staatsrecht.

Michael Hüther, Dr. rer. pol., Professor. Direktor und Mitglied des Präsidiums des Instituts der deutschen Wirtschaft, Köln. 1987-1991 Wissenschaftlicher Mitarbeiter an der Professur für Volkswirtschaftslehre und Finanzwissenschaft der Universität Gießen. 1991-1995 Wissenschaftlicher Mitarbeiter im Stab des Sachverständigenrates zur Begutachtung der gesamtwirtschaftlichen Entwicklung, Wiesbaden. 1995-1999 Generalsekretär des Sachverständigenrates zur Begutachtung der gesamtwirtschaftlichen Entwicklung (Leiter des wissenschaftlichen Stabes des Rates). 1999-2004 Chefvolkswirt der DekaBank, Frankfurt/Main. Seit 2001 Honorarprofessor an der European Business School. 2001-2004 Bereichsleiter Volkswirtschaft und Kommunikation der DekaBank, Frankfurt/Main. Seit 2004 Direktor und Mitglied des Präsidiums des Instituts der deutschen Wirtschaft, Köln. Diverse Publikationen zur allgemeinen Wirtschaftspolitik, Finanzpolitik, Sozialpolitik und Wirtschaftsgeschichte. 2009 Auszeichnung vom Bundespräsidenten mit dem Verdienstkreuz am Bande des Verdienstordens der Bundesrepublik Deutschland.

Paul Kirchhof, Dr. iur. Dr. h.c., Professor. Seit 1981 ordentlicher Professor für Öffentliches Recht unter besonderer Berücksichtigung des Finanz- und Steuerrechts an der Universität Heidelberg, Direktor des Instituts für Finanz- und Steuerrecht der Universität Heidelberg. 1987-1999 Richter des Bundesverfassungsgerichts, Mitglied des Zweiten Senats. 2000 Neugründung der Forschungsstelle Bundessteuergesetzbuch im Institut für Finanz- und Steuerrecht der Universität Heidelberg. Seit 1999 Vorsitzender der Deutschen Steuerjuristischen Gesellschaft. Seit 1994 Mitglied der Ständigen Deputation (Vorstand) des Deutschen Juristentages. 2004/06 Präsident des 65. und

66. Deutschen Juristentages in Bonn und in Stuttgart. Zahlreiche Ehrungen, Preise sowie Anerkennungen; zuletzt: Ehrendoktorwürde der Universität Osnabrück (2006), Preis für Wissenschaft und Wirtschaft (2006), BDU: „Das Gesetz der Hydra“ als „Buch des Jahres“ (2006).

Friedrich Merz, Rechtsanwalt und Mitglied des Bundestages. Seit 2005 Partner in einer internationalen Anwaltssozietät. 1989-1994 Mitglied im Europäischen Parlament. Seit Oktober 1994 Mitglied im Deutschen Bundestag, 1998–2000 Stellv. Vorsitzender der CDU/CSU-Bundestagsfraktion. 2000–2004 Mitglied im Präsidium der CDU Deutschlands. 2002–2004 Stellv. Vorsitzender der CDU/CSU-Bundestagsfraktion.

Edzard Schmidt-Jortzig, Dr. iur., Professor. 1982–2007 Lehrstuhl für Öffentliches Recht an der Christian-Albrechts-Universität zu Kiel. 1994-2002 Mitglied des Deutschen Bundestages. 1996-1998 Bundesminister der Justiz. 1998-2002 Vorsitzender des Arbeitskreises „Innen und Rechtspolitik“ der FDP-Bundestagsfraktion. 1998-2002 Mitglied der Parlamentarischen Kontrollkommission sowie der Enquête-Kommission „Recht und Ethik der modernen Medizin“. 1997–2002 Mitglied (seither Stellvertretendes Mitglied) der Synode der EKD. Sachverständiges Mitglied der Enquête-Kommission „Ethik und Recht der modernen Medizin“ des Deutschen Bundestages (2002–2003) sowie der Kommission von Bundestag und Bundesrat zur Modernisierung der bundesstaatlichen Ordnung („Föderalismuskommission“), (2003-2006). Heute: Of Counsel in der Anwaltskanzlei Schmidt-Jortzig/Petersen/Penzlin. Seit 2002 Vorsitzender des Stiftungsrates der Deutschen Stiftung Eigentum; seit 2006 Vorsitzender des Vereins Kieler Doctores Iuris e.V. Seit 2008 Vorsitzender des Deutschen Ethikrats.

Andreas Schmitz, Präsident des Bundesverbandes deutscher Banken und Vorstandssprecher der Privatbank HSBC Trinkaus & Burkhardt AG, Düsseldorf. Seit 1989 Tätigkeit bei der HSBC, seit 2002 persönlich haftender Gesellschafter, seit 2004 Sprecher der persönlich haftenden Gesellschafter, seit 2006 Sprecher des Vorstands. Seit März 2009 Präsident des Bundesverbandes deutscher Banken. Mitglied im Vorstand der Bankenvereinigung Nordrhein-Westfalen. Mitglied des Präsidiums und Vizepräsident der IHK Düsseldorf. Member of the Board of Directors der American Chamber of commerce in Germany. Mitglied des Vorstands des Ostasiatischen Vereins – German Asia-Pacific Business Association.

Klaus Schweinsberg, Dr. rer. pol., Professor. 1991 Freier Mitarbeiter Handelsblatt/Süddeutsche Zeitung. 1996 Wissenschaftlicher Mitarbeiter am Institut für Finanzwissenschaft, Universität Fribourg (CH). 1999 Ressortleiter Online

Financial Times Deutschland. 2001 Ressortleiter „impulse“ (G+J Wirtschaftspresse); stellv. Chefredakteur. 2004 Chefredakteur „Impulse“. 2006 Chefredakteur „Capital“. 2006 Herausgeber „impulse“. Seit 2009 geschäftsführender Gesellschafter der INTES Akademie für Familienunternehmen, Bonn. Mitglied der Päpstlichen Stiftung Centesimus Annus und des Souveränen Malteser-Ordens. Dozent an der Rheinischen Fachhochschule Köln und an der Führungsakademie der Bundeswehr in Hamburg. 2009 berief ihn das World Economic Forum in den Kreis der „Young Global Leaders“.

Printing: Krips bv, Meppel, The Netherlands
Binding: Stürtz, Würzburg, Germany

GPSR Compliance

The European Union's (EU) General Product Safety Regulation (GPSR) is a set of rules that requires consumer products to be safe and our obligations to ensure this.

If you have any concerns about our products, you can contact us on ProductSafety@springernature.com

In case Publisher is established outside the EU, the EU authorized representative is:

Springer Nature Customer Service Center GmbH
Europaplatz 3
69115 Heidelberg, Germany

Batch number: 10682130

Printed by Printforce, the Netherlands